ЛЮБИМАЯ КОЛЛЕКЦИЯ

ЛЮБИМАЯ КОЛЛЕКЦИЯ

АГАТА КРИСТИ

СЛОНЫ УМЕЮТ ПОМНИТЬ

МОСКВА
2022

УДК 821.111-312.4
ББК 84(4Вел)-44
К82

Agatha Christie

ELEPHANTS CAN REMEMBER

Copyright © 1972 Agatha Christie Limited. All rights reserved.

AGATHA CHRISTIE, POIROT and the Agatha Christie Signature
are registered trademarks of
Agatha Christie Limited in the UK and elsewhere. All rights reserved.

Agatha Christie Roundels Copyright © 2013 Agatha Christie
Limited. Used with permission.

http://www.agathachristie.com

Иллюстрация на обложке *Филиппа Барбышева*

Кристи, Агата.

К82 Слоны умеют помнить / Агата Кристи ; [перевод с английского М. В. Кононова]. — Москва : Эксмо, 2022. — 288 с.

ISBN 978-5-04-156763-7

«Так кто же кого убил?» Именно таким вопросом задается писательница Ариадна Оливер. Но на сей раз этот вопрос связан не с сюжетом нового романа, а с реальным преступлением из ее собственного прошлого. Ариадне не дает покоя загадочная смерть супружеской пары, ее друзей, случившаяся двенадцать лет назад. Тогда эту трагедию посчитали двойным самоубийством. Но миссис Оливер полагает иначе... И тогда она обращается за помощью к своему давнему знакомому, великому сыщику Эркюлю Пуаро. Дело чрезвычайно заинтересовало неутомимого бельгийца, и он сразу берется за него. Для Пуаро давнее преступление не потеряло своей актуальности, ибо он знает из собственного опыта: убийства, как и история, имеют неприятное свойство повторяться...

УДК 821.111-312.4
ББК 84(4Вел)-44

ISBN 978-5-04-156763-7

© Издание на русском языке, оформление
ООО «Издательство «Эксмо», 2022

*Посвящается Молли Майерс
в ответ на многие любезности*

Глава 1

Литературный ленч

Миссис Оливер посмотрелась в зеркало. Краем глаза взглянув на часы на камине, которые, по ее смутным подозрениям, отставали минут на двадцать, она вернулась к изучению своей прически.

Беда миссис Оливер была в том — и сама она признавала это, — что стиль ее прически постоянно менялся. Она перепробовала по очереди почти все: и строгую высокую «помпадур», и развевающуюся с зачесанными назад волосами, чтобы открыть интеллектуальный лоб — по крайней мере, она надеялась, что интеллектуальный. Пробовала миссис Оливер и тугие завитки, и нечто вроде артистического беспорядка. Однако ей пришлось признать, что сегодня стиль прически не так важен, поскольку сегодня она собиралась сделать то, что совершала очень редко, — надеть шляпку.

На верхней полке платяного шкафа у миссис Оливер лежали четыре шляпки. Одна определенно предназначалась для свадеб. Когда идешь на свадьбу, шляпка — обязательный атрибут. Однако даже на этот случай миссис Оливер держала две. Одна, в круглой коробке, была с перьями. Она плотно сидела на голове и могла прекрасно противостоять внезапному ливню, если тот неожиданно начнется, пока идешь из машины под своды церкви или, как нынче часто бывает, в бюро регистраций.

Другая, более замысловатая, была определенно для свадеб, справляемых в субботний летний день. На ней были цветы, и шифон, и легкая желтая сетка с закрепленной на ней мимозой. Остальные две шляпки на полке были более универсального характера. Одну миссис Оливер называла своей дачной шляпкой — она была из желтовато-коричневого фетра, хорошо идущего к твидовым костюмам почти любого фасона и с подходящими полями, которые можно было загнуть как вверх, так и вниз.

У миссис Оливер был теплый кашемировый пуловер, и пуловер полегче для жарких дней; оба по цвету подходили к этой шляпке. Однако, хотя эти пуловеры она надевала часто, шляпку — практически никогда. Потому что, в самом деле, зачем надевать шляпку, когда просто едешь за город пообедать или поужинать с друзьями?

Четвертая шляпка была самая дорогая из всех и имела необычайное преимущество перед другими. Вероятно, иногда думала миссис Оливер, дело в ее дороговизне. Она представляла собой некое подобие тюрбана, состоящего из нескольких слоев бархата разных цветов, но непременно подобающих пастельных оттенков, и подходила к любой одежде.

Постояв в сомнении, миссис Оливер обратилась за помощью.

— Мария, — позвала она, а потом повторила громче: — Мария! Подойди на минутку.

Пришла Мария. Она привыкла, что у нее спрашивают совета, когда миссис Оливер раздумывает, что надеть.

— Собираетесь надеть вашу прелестную, изящную шляпку, да? — сказала Мария.

— Да, — ответила миссис Оливер. — Я хотела узнать, как ты думаешь, она будет выглядеть лучше так или наоборот?

Мария отшагнула назад и посмотрела.

— Ну, вы же надели ее задом наперед, не правда ли?

— Да, я знаю, — сказала миссис Оливер. — Я прекрасно знаю. Но я подумала, что так она почему-то смотрится лучше.

— Ой, с чего бы это? — удивилась Мария.

— Ну, наверное, так и было задумано... Должно быть, я так задумала, когда покупала, как и продавец, когда продавал.

— Почему вы думаете, что наоборот лучше?

— Потому что так получается милый оттенок голубого и темно-коричневого, и, по-моему, так смотрится лучше, чем с зеленым, красным и шоколадным цветом. — С этими словами миссис Оливер сняла шляпку, снова примерила ее задом наперед, потом правильно — и боком. Последний вариант она и Мария безоговорочно забраковали.

— Ее нельзя носить широкой частью вперед. То есть это не идет к вашему лицу, верно? Так не пойдет ни к какому лицу.

— Да, не пойдет. Думаю, в конечном итоге придется надеть ее правильным образом.

— Ну, я думаю, это всяко безопаснее, — сказала Мария.

Миссис Оливер сняла шляпку. Мария помогла ей надеть хорошо скроенное тонкое шерстяное платье деликатного красно-коричневого цвета и помогла пристроить на голове шляпку.

— Вы выглядите так изящно, — сказала она.

Вот это и нравилось миссис Оливер в Марии. Если выдавался малейший повод, она всегда одобряла и хвалила.

— Собираетесь произнести спич за ленчем? — спросила Мария.

— Спич! — ужаснулась миссис Оливер. — Нет, конечно нет. Ты же знаешь, я никогда не произношу речей.

— Ну, мне казалось, на литературных ленчах всегда произносят спичи. Вы для этого и собираетесь, разве нет? Знаменитые писатели тысяча девятьсот семьдесят третьего — или какой у нас нынче год?

— Мне нет нужды произносить спич, — сказала миссис Оливер. — Их будут произносить другие, кто это любит, и у них это получится гораздо лучше.

— Я уверена, вы произнесете прекрасный спич, если возьметесь за это, — ответила Мария, примеряя на себя роль искусительницы.

— Нет, не стоит, — сказала миссис Оливер. — Я знаю, что я могу, а чего не могу. Я не умею произносить спичи. Сразу вся разволнуюсь, стану нервничать и, наверное, начну заикаться или повторю что-нибудь два раза. И не только почувствую себя дурочкой, но, наверное, и выглядеть буду такой. Теперь со словами нет проблем. Можно их записать, или наговорить в машину, или продиктовать. Я умею обращаться со словами, если знаю, что не произношу спич.

— Ну что ж, надеюсь, все пройдет прекрасно. Я уверена, что так и будет. Будет великолепный ленч, верно?

— Да, — сказала миссис Оливер в глубоком унынии. — Ленч будет великолепный.

«И зачем, — подумала она, но не сказала, — зачем, чего ради я иду на него? — Она немного порылась в мыслях, потому что всегда любила понимать, что делает, а не делать сначала и потом удивляться, зачем это сделала. — Наверное, — сказала она, снова себе, а не Марии, которой пришлось вернуться на кухню в некоторой спешке, вызванной запахом убежавшего варенья, которое она оставила на плите. — Я хотела узнать, каково это. Меня всегда просят прийти на литературный ленч или что-то подобное, а я никогда не хожу».

* * *

После великолепного ленча миссис Оливер приступила к сладкому и с удовлетворенным вздохом поигралась с остатками меренг на тарелке. Она имела особое пристрастие к меренгам, и это было прелестное сладкое на очаровательном ленче. Тем не менее, когда достигаешь среднего возраста, с меренгами нужно быть осторожнее. Зубы! Они прекрасно выглядят, и их большое достоинство в том, что они никогда не болят, они белые и совсем как настоящие. Но все-таки не совсем настоящие. А зубы, даже настоящие — или так считала миссис Оливер, — на самом деле не из первоклассного материала. У собак, она всегда так полагала, зубы из настоящей слоновой кости, а у человеческих существ — просто из кости. А если это искусственные зубы, то они из пластика. В любом случае не следует рисковать втянуться в эдакое постыдное представление, в которое тебя могут втянуть искусственные зубы. Латук вызывает трудности, и соленый миндаль, и такие штуки, как шоколад с твердым ядром, и вязкая карамель, и вкуснейшие вязкие и липкие меренги... С удовлетворенным вздохом она проглотила последний кусочек. Это был хороший ленч, очень хороший ленч.

Миссис Оливер любила себя побаловать. Ленч ей очень понравился. И также ей понравилась компания. На собрание, устроенное в честь знаменитой писательницы, слава богу, пришли не только ее сестры по перу. Были и другие писатели, критики, а кроме тех, кто пишет книги, также и те, кто их читает. Миссис Оливер сидела между двумя очаровательными представителями мужского пола.

С одной стороны сидел Эдвин Обин, чьи стихи она всегда любила, и к тому же он был чрезвычайно занимательный человек, который в своих заграничных поездках попадал в разные захватывающие истории и пережил разнообразные литературные и личные приключения. Его также интересовали рестораны и что там подают, и они прекрасно поболтали о еде, оставив вопросы литературы в стороне.

Сэр Уэсли Кент с другой стороны от нее тоже был приятным собеседником. Он наговорил много хорошего про ее книги и к тому же имел такт говорить так, чтобы не смущать ее, что делают столь многие, сами того не замечая. Мистер Кент находил одну-две причины, почему ему понравилась та или иная книга, и это были правильные причины, и потому миссис Оливер благожелательно отнеслась к его похвалам. «Похвалы от мужчин, — подумала она, — всегда приемлемы». Это женщины были неискренни. Что ей писали женщины! Вообще! Конечно, не только женщины, иногда и эмоциональные молодые мужчины из каких-то отдаленных стран. Только на прошлой неделе она получила забавное письмо, начинающееся такими словами: «Читая Вашу книгу, я понял, какая Вы, должно быть, необыкновенная женщина». Прочтя «Вторую золотую рыбку», он впал в невообразимый литературный экстаз, что, по мнению миссис Оливер, было совершенно неадекватно. Она не страдала избытком скромности. Ей казалось, что детективные истории, которые она пишет, вполне неплохи для такого сорта литературы. Некоторые были не так уж хороши, а некоторые — получше остальных. Но, насколько она могла видеть, не было причины считать ее необыкновенной женщиной.

Ей просто повезло найти удачную манеру писания, которая многим нравится. «Просто чудесная удача», — подумала миссис Оливер.

Что ж, если подумать, она прошла через это испытание хорошо. Она нравилась сама себе и говорила с симпатичными людьми. Теперь все переместились туда, где подавали кофе и где можно было сменить партнеров и поболтать с кем-нибудь еще. Миссис Оливер прекрасно осознавала всю опасность этого момента. Вот теперь на нее набросятся женщины. Набросятся с чрезмерными похвалами, на которые она, как это ни печально, не умела правильно отвечать, потому что на самом деле на них и не могло быть правильных ответов. В действительности это напоминало разговорник для путешествия в чужую страну.

Вопрос:

— Должна вам сказать, как мне нравится читать ваши книги, какими чудесными они мне кажутся.

Ответ от смущенного автора:

— Что ж, очень любезно с вашей стороны. Я очень рада.

— Вы, конечно, понимаете, что я много месяцев ждала встречи с вами. Это действительно чудесно.

— О, очень мило с вашей стороны. Действительно очень мило.

И дальше в том же духе. И никто из участников разговора, похоже, не может сказать что-нибудь о других интересах. Приходится говорить о своих книгах или о книгах другой женщины, если знаешь, что за книги она написала. Попадаешь в литературную паутину и начинаешь барахтаться. Некоторые умеют с этим справляться, но миссис Оливер прекрасно и с горечью осознавала, что не имеет соответствующей способности. Одна ее иностранная подруга однажды подвергла ее испытанию, когда миссис Оливер была за границей в посольстве.

— Я слушаю вас, — сказала тогда Альбертина своим очаровательным низким иностранным голосом, — и удивляюсь. Я слушала, что вы говорили тому молодому человеку из газеты, который пришел взять у вас интервью. У вас нет — совсем нет! — гордости, которую вам подобает иметь в связи с вашей работой. Вы должны говорить: «Да, я пишу хорошо. Я делаю это лучше, чем кто-либо другой, пишущий детективы».

— Но это не так, — сказала тогда миссис Оливер. — Я пишу неплохо, но...

— О, не говорите, что это не так. Вы должны говорить, что это так, если даже сами так не думаете.

— Хорошо бы, Альбертина, — ответила миссис Оливер, — ты вместо меня отвечала тем журналистам, которые приходят ко мне. У тебя бы так хорошо получилось... Разве ты не можешь как-нибудь притвориться мной? А я бы послушала за дверью...

— Да, наверное, смогла бы. Это было бы довольно забавно. Но они поймут, что я не вы. Они знают вас в лицо. Однако вы должны говорить: «Да, да, я знаю, что я лучше всех прочих». Вы должны всем это говорить. Чтобы они знали. И они должны это провозгласить. О, как это ужасно — слышать, как вы тут сидите и говорите так, словно извиняетесь за то, какая вы есть... Так не должно быть.

Это выглядело так, будто она начинающая актриса, старавшаяся выучить свою роль, подумала миссис Оливер, а режиссер нашел ее безнадежно тупой, не понимающей основную идею. Что ж, во всяком случае, на этот раз не будет больших трудностей. Когда все встанут из-за стола, в холле будет несколько ожидающих женщин. В самом деле, она уже видела одну-двух, которые слонялись там. Это не будет очень трудно. Она пойдет, будет улыбаться, будет милой и скажет:

«Так любезно с вашей стороны. Я так рада. Как приятно узнать, что людям нравятся твои книги».

Все это старые банальности. Как будто засовываешь руку в ящик и вытаскиваешь полезные слова, уже выстроенные в нужном порядке, как нанизанные на нитку бусины. А потом, особенно не затягивая это дело, можно уйти.

Ее глаза обежали сидящих за столом, так как здесь, кроме притворных поклонников, мог оказаться и кое-кто из друзей. Да, в дальнем конце она увидела Морину Грант, очень забавную женщину. Момент настал, литературные женщины и сопутствующие мужчины, тоже присутствовавшие на ленче, встали и устремились к креслам, к кофейным столикам, диванам и укромным уголкам. Момент опасности, как часто называла его про себя миссис Оливер, хотя обычно это случалось на коктейлях, а не на литературных вечеринках, так как она редко посещала последние. В любой момент может возникнуть опасность в виде кого-то, кого ты не помнишь, но кто помнит тебя, или кого-то, с кем ты решительно не хочешь говорить, но от кого не уклониться. В данном случае перед ней возникла первая угроза. Большая женщина. Мощное сложение, крупные белые зубы, словно в нетерпении грызущие удила. По-французски такую женщину можно было бы назвать *une femme formidable*[1], однако она определенно не только не имела французского оттенка *formidable*, а была просто крайней формой женщины, не терпящей возражений. Очевидно,

---

[1] Потрясающая женщина (*фр.*).

эта особа или знала миссис Оливер, или собиралась познакомиться здесь и сейчас. И вот как она это сделала.

— О, миссис Оливер, — сказала она высоким визгливым голосом, — как хорошо, что мы сегодня встретились. Мне так давно этого хотелось. Я просто обожаю ваши книги. Как и мой сын. И мой муж всегда говорил, что никогда не следует путешествовать, не взяв с собой одну-две из ваших книг... Но пойдемте, присядем. Мне так много нужно у вас спросить.

«Ну, что ж, — подумала миссис Оливер, — это не мой любимый тип женщин. Но не хуже любого другого».

Она позволила отвести себя твердой рукой, как отводит задержанного полицейский, к канапе на двоих за углом, ее новая подруга взяла кофе себе и поставила вторую чашку перед ней.

— Вот, теперь нам никто не помешает. Вряд ли вы знаете мое имя. Я миссис Бёртон-Кокс.

— Ах, да! — как обычно, проговорила миссис Оливер.

Бёртон-Кокс? Тоже пишет книги? Нет, она действительно не могла ничего о ней вспомнить. Нет, кажется, слышала это имя... Пришло смутное воспоминание. Книга о политике, что-то такое... Не художественная литература, не юмористическая, не детектив. Может быть, что-то с претензией на интеллектуальность с политическим уклоном? Это легче, с облегчением подумала миссис Оливер. Можно просто дать ей выговориться, время от времени повторяя: «Как интересно!»

— Вы действительно очень удивитесь тому, что я скажу, — проговорила миссис Бёртон-Кокс, — но, читая ваши книги, я ощутила, как вы благожелательны, как глубоко понимаете человеческую природу. И я чувствую, что если кто-то и может дать ответ на мой вопрос, то это вы.

— В самом деле не думаю... — начала миссис Оливер, пытаясь подобрать подходящие слова, чтобы выразить неуверенность в своей способности поднять возложенный на нее груз.

Миссис Бёртон-Кокс обмакнула в кофе кусочек сахара и раскусила его с плотоядным хрустом, как будто разгрызла кость. «Клыки», — смутно вспомнилось миссис Оливер. Клыки? У собак клыки, у моржей бивни, и у слонов бивни. Огромные бивни из слоновой кости. А миссис Бёртон-Кокс все говорила:

— Прежде всего я должна спросить у вас — впрочем, я и так весьма уверена, — у вас ведь есть крестница, верно? Крестница по имени Селия Рейвенскрофт?

— О, — ответила миссис Оливер, приятно удивившись.

Она почувствовала, что, пожалуй, сможет справиться с разговором о крестнице. У нее было множество крестниц — и крестников, уж если на то пошло. Временами ей приходилось признать, что с возрастом она уже не может вспомнить их всех. Миссис Оливер должным образом выполняла свои обязанности, одной из которых было — посылать игрушки маленьким крестникам и крестницам на Рождество, навещать их и их родителей или принимать их у себя, пока они растут, забирать мальчиков из школы — и девочек тоже. А потом, в знаменательную дату — на двадцать первый день рождения — крестная должна сделать подобающий подарок, и сделать это великодушно, и удостовериться, что все об этом знают, — или на бракосочетании, которое влечет за собой такие же подарки и финансовое или иное благословение. А после этого крестники и крестницы отступают на среднюю или дальнюю дистанцию. Они женятся или выходят замуж, или уезжают за границу, в другие страны, в иностранные посольства, или учатся в иностранных школах, или участвуют в социальных проектах — в любом случае они постепенно бледнеют в вашей жизни. Тебе приятно их видеть, если они неожиданно, так сказать, снова всплывают на горизонте. Но тебе нужно подумать и вспомнить, когда ты видела их в последний раз, чьи они дочери и какое знакомство привело к тому, что тебя выбрали крестной матерью.

— Селия Рейвенскрофт, — повторила миссис Оливер, силясь вспомнить. — Да, да, конечно. Да, определенно. — Не то чтобы какой-то образ Селии Рейвенскрофт предстал у нее перед глазами... нет, то есть предстал, но из очень давнего прошлого. На крещении.

Она пошла на крещение Селии и в качестве подарка подобрала очень милое серебряное ситечко в стиле королевы Анны. Очень милое. Прекрасно подойдет, чтобы процеживать молоко; а потом крестница всегда сможет продать его за приятную цену, если ей захочется иметь деньги на карманные расходы. Да, ситечко она действительно вполне вспомнила. В стиле королевы Анны 1711 года. С изображением Великобритании в виде женщины-воительницы. Насколько проще вспомнить серебряный кофейник, или ситечко, или крестильную кружку, чем самого ребенка...

— Да, — сказала она. — Да, конечно. Боюсь, я уже очень давно не виделась с Селией.

— Ах, понимаю... Она, несомненно, довольно импульсивная девушка, — сказала миссис Бёртон-Кокс. — То есть очень часто меняет свои идеи. Конечно, очень умная, прекрасно училась в университете, но ее политические взгляды... Думаю, все молодые люди нынче имеют политические взгляды.

— Боюсь, я не очень слежу за политикой, — сказала миссис Оливер, для которой этот предмет всегда был анафемой.

— Видите ли, я хочу довериться вам. Хочу сказать вам, что именно я хочу узнать. Уверена, вы не будете возражать. Я от столь многих слышала, как вы добры, как всегда доброжелательны...

«Уж не собирается ли она занять у меня денег?» — подумала миссис Оливер, знавшая много бесед, начинавшихся подобным образом.

— Видите ли, этот вопрос имеет для меня огромную важность. Я чувствую, что действительно должна это выяснить. Селия, видите ли, собирается выйти замуж — или думает, что собирается, — за моего сына Десмонда.

— Ах, вот как! — воскликнула миссис Оливер.

— Во всяком случае, сейчас она носится с такой идеей. Конечно, нужно побольше о ней узнать, я кое-что очень хочу узнать. Это крайне необычно — спрашивать у кого-то, и я бы не стала... ну, то есть я бы не стала вот так вдруг расспрашивать незнакомого человека, но я не считаю вас незнакомым человеком, дорогая миссис Оливер.

«Лучше бы считала, — подумала миссис Оливер. Теперь она занервничала, опасаясь, нет ли у Селии внебрачного ребенка, или не собирается ли она родить такого, и не собирается ли миссис Бёртон-Кокс посвятить ее, миссис Оливер, во все подробности. Это было бы очень неловко. — А с другой стороны, я не виделась с Селией пять или шесть лет, и ей, наверное, теперь лет двадцать пять — двадцать шесть, так что будет довольно просто сказать, что я ничего не знаю».

Миссис Бёртон-Кокс наклонилась к ней и тяжело вздохнула.

— Я хочу, чтобы вы сказали мне — так как уверена, что вы должны знать или иметь определенную догадку, — как все это произошло. Ее мать убила ее отца или отец убил мать?

Чего-чего, а вот этого миссис Оливер никак не ожидала. Не веря своим ушам, она уставилась на миссис Бёртон-Кокс.

— Но я не... — Она замолкла. — Я... Я не могу понять. То есть — по какой причине...

— Миссис Оливер, вы должны это знать... Такая нашумевшая история... Конечно, я понимаю, столько лет прошло — ну, наверное, десять или двадцать, не меньше, — но в свое время оно привлекло к себе большое внимание. Несомненно, вы помните, должны помнить.

Мозг миссис Оливер отчаянно работал. Селия была ее крестницей. Это не вызывает сомнений. Мать Селии... да, конечно, матерью Селии была Молли Престон-Грей, ее бывшая подруга, хотя и не очень близкая, и, конечно, она была замужем за военным... да как же его звали?.. Сэр какой-то Рейвенскрофт. Или он был послом? Удивительно, как легко забываются такие вещи. Она даже не могла вспомнить, была ли у Молли на свадьбе подружкой невесты. Наверное, была. Довольно милое венчание в часовне Гардс или какой-то еще... Но такие вещи забываются. А после этого она не встречалась с ними много лет: они куда-то уехали... На Ближний Восток? В Персию? В Ирак? Кажется, в Египет? Или в Индию? Совершенно случайно, когда они приезжали в Англию, она снова с ними встретилась.

Но они были похожи на те фотографии, которые берешь и удивленно рассматриваешь. Смутно вспоминаешь, кто на них, но они так выцвели, что уже не различить лиц, и точно не помнишь, где кто. И теперь она не могла припомнить, занимали ли сэр Рейвенскрофт и леди Рейвенскрофт, урожденная Молли Престон-Грей, какое-то место в ее жизни. Вряд ли занимали. А впрочем...

Миссис Бёртон-Кокс по-прежнему смотрела на нее. Смотрела, как будто разочарованная ее недостатком находчивости, ее неспособностью вспомнить тот очевидно выдающийся случай.

— Убил? Вы хотите сказать, несчастный случай?

— О нет. Не несчастный случай. В одном из тех домов у моря. Кажется, в Корнуолле. Где-то, где скалы. В общем, у них был там дом. И их обоих нашли там на скале; они были застрелены, вы знаете. Но не было ничего такого, чтобы полиция могла сказать, то ли это жена застрелила мужа, а потом себя, то ли он застрелил жену, а потом себя. Они стали расследовать — вы знаете — траектории пуль и все такое, но было трудно что-то определить. Решили, что это могло быть самоубийство по сговору, и... Я забыла, каков был вердикт. Что-то... Это мог быть несчастный случай или нечто подобное. Но, конечно, все знали, что это было сделано наверняка преднамеренно, и, конечно, тогда ходило множество историй...

— Наверное, пустые домыслы, — с надеждой сказала миссис Оливер, стараясь вспомнить по возможности хотя бы одну из историй.

— Что ж, может быть. Может быть. Я понимаю, трудно сказать наверняка... Ходили байки о какой-то ссоре — то ли в тот же день, то ли накануне... еще говорили о каком-то другом мужчине, а потом, конечно, появился обычный слух о другой женщине. И никто не знает, как все это случилось. Думаю, дело замалчивали, потому что генерал Рейвенскрофт занимал довольно высокую должность, и, кажется, говорили, что он в тот год попал в психиатрическую клинику, что он очень переутомился или что-то такое и что он на самом деле не понимал, что делает.

— Я действительно боюсь, — сказала миссис Оливер твердым тоном, — что ничего не знаю об этом. Теперь, когда вы сказали, я припоминаю, что был такой случай, и помню имена, и я знала этих людей, но никогда не знала, *что* произошло и все с этим связанное. И у меня действительно нет ни малейшего представления...

«И я действительно не понимаю, — подумала миссис Оливер, жалея, что у нее не хватает храбрости сказать это, — как у вас хватает наглости спрашивать меня о таких вещах».

— Мне очень важно это знать, — сказала миссис Бёртон-Кокс.

До того ее глаза были твердыми, как мрамор, а теперь она начала ими хлопать.

— Видите ли, это важно из-за моего сына — мой дорогой мальчик хочет жениться на Селии.

— Боюсь, ничем не могу вам помочь, — ответила миссис Оливер. — Я ничего не слышала об этом.

— Но вы должны знать, — настаивала миссис Бёртон-Кокс. — Я хочу сказать, вы пишете эти удивительные истории, вы все знаете о преступлениях, вы должны знать все это — как человек, который так много думает о таких вещах.

— Я ничего не знаю, — сказала миссис Оливер тоном, в котором не было избытка вежливости, однако определенно слышалось отвращение.

— Но вы же видите, что человек не знает, к кому пойти, чтобы расспросить об этом? То есть нельзя же через столько лет пойти в полицию, да и все равно, наверное, там ничего не сказали бы, потому что они явно пытались замять это дело. Однако я чувствую, что важно докопаться до истины.

— Я только пишу книги, — холодно сказала миссис Оливер. — В них все придумано. Лично я ничего не знаю о преступлениях и не имею своего мнения в криминологии. Так что, боюсь, ничем не могу вам помочь.

— Но вы можете спросить свою крестницу. Можете спросить Селию.

— Спросить Селию? — Миссис Оливер снова уставилась на нее. — Не понимаю, как я могу это сделать. Она была... Да, пожалуй, она была еще ребенком, когда произошла эта трагедия.

— О, и все же, я полагаю, она все об этом знает, — сказала миссис Бёртон-Кокс. — Дети всегда все знают. Я уверена, она вам расскажет.

— Я бы посоветовала вам спросить ее саму, — сказала миссис Оливер.

— Действительно, я бы вряд ли смогла. Знаете, я думаю, Десмонду это не понравилось бы. Видите ли, он немного... Он раздражается, когда дело касается Селии, и я не думаю, что... Нет... Я уверена, что вам она расскажет.

— Мне бы действительно и в голову не пришло спросить ее, — сказала миссис Оливер и притворилась, что смотрит на часы. — Ох, как мы засиделись на этом восхитительном ленче... мне пора бежать. У меня очень важная встреча. До свидания, миссис... м-м-м... Бёртон-Кокс, как жаль, что я не могу вам помочь, но такие материи довольно деликатны, и... В самом деле, какая вам разница, вам лично, что там случилось?

— О, разница огромная.

В этот момент мимо проплыла литературная фигура, которую миссис Оливер хорошо знала; она вскочила, чтобы схватить ее за локоть.

— Луиза, дорогая, как здорово, что я тебя встретила! Я и не заметила, что ты здесь.

— О, Ариадна, как давно мы не виделись! Ты похудела, не так ли?

— Какие милые вещи ты мне всегда говоришь, — сказала миссис Оливер, взяв знакомую за руку и отступая от канапе. — Но я спешу, потому что у меня встреча.

— Ты, кажется, связалась с этой ужасной женщиной, да? — спросила подруга, оглядываясь через плечо на миссис Бёртон-Кокс.

— Она задавала мне очень необычные вопросы, — ответила миссис Оливер.

— О! И ты не смогла на них ответить?

— Нет. Все равно они касались того, что совершенно меня не касается.

— Что-то интересное?

— Пожалуй, — сказала миссис Оливер, позволив закрасться в голову новой идее. — Пожалуй, это может быть интересно, вот только...

— Она встает и собирается тебя преследовать, — сообщила подруга. — Пошли. Я прослежу, чтобы ты вышла, и доставлю куда угодно, если у тебя нет машины.

— Я никогда не езжу на машине по Лондону, тут невозможно припарковаться.

— Да, я знаю. Совершенно невозможно.

Миссис Оливер должным образом попрощалась со всеми. Благодарности, слова об огромном удовольствии — и теперь ее везли по Лондон-сквер.

— По-прежнему живешь на Итон-Террас? — спросила любезная подруга.

— Да, — ответила миссис Оливер, — но сейчас мне нужно... пожалуй, к Уайтфраэрз-мэншнз. Точно не помню названия, но знаю, где это.

— Ох, там квартиры. Довольно современные. Скучные и очень геометричные.

— Это верно, — согласилась миссис Оливер.

Глава 2

ПЕРВОЕ УПОМИНАНИЕ О СЛОНАХ

Не застав своего друга Эркюля Пуаро дома, миссис Оливер прибегла к телефону.

— Вы, случайно, не собираетесь сегодня вечером быть дома? — спросила она.

Она сидела у телефона и с некоторой нервозностью барабанила пальцами по столу.

— Это говорит?..

— Ариадна Оливер, — сказала миссис Оливер, которую всегда удивляло, что нужно называть свое имя, так как предполагала, что все друзья узнают ее голос, как только услышат.

— Да, я весь вечер буду дома. Означает ли это, что я буду иметь удовольствие от вашего визита?

— Очень мило с вашей стороны так выразиться. Не знаю, будет ли это таким уж удовольствием.

— Видеть вас — всегда удовольствие, *chère madame*[1].

— Не знаю, — сказала миссис Оливер. — Может быть, я собираюсь... ну, немножко вас потревожить. Задать вопросы. Я хочу узнать, что вы думаете кое о чем.

---

[1] Дорогая мадам (*фр.*).

— Это я всегда готов рассказать любому.

— Тут кое-что случилось... Кое-что беспокоящее меня, и я не знаю, что с этим делать.

— Значит, вы придете, и мы увидимся. Я польщен. Очень польщен.

— Какое время вас устроит? — спросила миссис Оливер.

— В девять? Может быть, мы вместе попьем кофе, если только вы не предпочитаете гренадин или *Sirop de Cassis*...[1] Впрочем нет, вы его не любите. Я помню. Джордж, — обратился Пуаро к своему бесценному слуге, — вечером нам предстоит удовольствие принять миссис Оливер. Я думаю, кофе и какой-нибудь ликер. Не уверен, какой она любит.

— Я видел, как она пила кирш[2], сэр.

— И *crème de menthe*[3]. Но я думаю, она предпочтет кирш. Прекрасно, — сказал Пуаро. — Значит, пусть будет так.

Миссис Оливер прибыла пунктуально в назначенное время. За ужином Пуаро гадал, что заставило миссис Оливер навестить его и почему она так сомневается в том, что делает. Приберегла для него какую-то сложную задачу или собирается сообщить о каком-то преступлении?

---

[1] Сладкий напиток из сока черной смородины (*фр.*).

[2] К и р ш (*нем.* kirsch) — вишневый ликер.

[3] Мятный крем-ликер (*фр.*).

Как ему было хорошо известно, от миссис Оливер можно ожидать чего угодно — от самого банального до экстраординарного. Можно сказать, и то, и другое было в ее духе. Она показалась ему встревоженной.

Что ж, он умеет ладить с миссис Оливер, подумал про себя Пуаро. Он всегда умел ладить с миссис Оливер. Иногда она бесила его. И в то же время он был очень к ней привязан. Они вместе многое пережили и многое испытали. Кстати, он прочел о ней что-то в газете только сегодня утром — или это была вечерняя газета? Нужно постараться вспомнить, пока она не пришла... И Пуаро вспомнил — как раз когда Джордж сообщил о ее прибытии.

Когда Ариадна вошла, Пуаро сразу заключил, что его диагноз о ее тревоге был достаточно верен. Ее прическа, довольно замысловатая, была растрепана оттого, что миссис Оливер взбешенно и лихорадочно теребила ее, как это у нее иногда бывало. Он принял гостью со всеми проявлениями удовольствия, усадил в кресло, налил ей кофе и протянул стаканчик кирша.

— Ах! — воскликнула миссис Оливер со вздохом человека, испытавшего облегчение. — Наверное, вы подумаете, что я страшная дура, но все же...

— Я вижу или, точнее, видел в газете, что сегодня вы присутствовали на литературном ленче. Для знаменитых писательниц. Что-то в этом роде. Я думал, вы никогда их не посещаете.

— Обычно не посещаю, — ответила миссис Оливер, — и больше никогда туда не пойду.

— Ах, вы много там натерпелись? — посочувствовал Пуаро.

Он знал, чем можно досадить миссис Оливер. Чрезмерные восхваления ее книг всегда выводили ее из себя, потому что, как однажды ему призналась Ариадна, она никогда не знала, как на это реагировать.

— Вам не понравилось?

— До какого-то времени нравилось, — сказала миссис Оливер, — но потом случилось нечто очень неприятное.

— Ага, и после этого вы решили навестить меня...

— Да, но я в самом деле не знаю зачем. То есть это не имеет к вам никакого отношения, и не думаю, что это вас как-то заинтересует. Мне и самой это не очень интересно. Хотя, наверное, это меня все-таки заинтересовало, иначе мне не захотелось бы прийти узнать, что вы об этом думаете. Узнать, что... в общем, как бы вы поступили на моем месте.

— Это очень трудный вопрос. Я знаю, как в любой ситуации поступил бы я, Эркюль Пуаро, но как поступили бы вы, я не могу сказать, хотя и хорошо вас знаю.

— К этому времени вы уже должны это представлять, — сказала миссис Оливер. — Вы знаете меня достаточно давно.

— Сколько же уже? Лет двадцать?

— О, не знаю. Никогда не запоминаю лет и дат. Знаете, у меня все мешается. Я помню тысяча девятьсот тридцать девятый, потому что тогда началась война, а другие даты помню из-за всяких чудны́х событий там и сям.

— Как бы то ни было, вы пошли на тот литературный ленч. И он вам не очень понравился.

— Ленч мне понравился, но потом...

— Кто-то вам что-то сказал, — предположил Пуаро с мягкостью доктора, выясняющего симптомы.

— Ну, мне готовились что-то сказать... На меня вдруг набросилась одна из этих огромных требовательных женщин, которые всегда умудряются подавлять всех и от которых становится не по себе, как ни от кого другого. Знаете, она как будто ловит бабочек или других букашек, ей бы еще сачок. Она словно окружила меня со всех сторон и затащила на канапе, а потом начала говорить. Сначала о моей крестнице...

— А, да. О вашей любимой крестнице?

— Я не видела ее много лет, — сказала миссис Оливер. — Ну, я же не могу поддерживать связь с ними со всеми. А потом она задала мне самый неприятный вопрос. Она хотела, чтобы я... О, боже, как мне трудно это сказать...

— Что же тут трудного? — возразил Пуаро. — Это очень просто. Рано или поздно все рассказывают мне всё. Видите ли, я всего лишь иностранец, и потому это не важно. Это легко, потому что я иностранец.

— Да, рассказывать вам довольно легко, — признала миссис Оливер. — Видите ли, она спросила меня об отце и матери этой девушки. Спросила, что именно случилось: ее мать убила ее отца или отец убил мать?

— Прошу прощения? — произнес Пуаро.

— О, я понимаю, что это звучит дико. Ну, мне показалось это совершенно диким.

— Ее мать убила ее отца — или отец убил мать?

— Совершенно верно, — подтвердила миссис Оливер.

— Но это факт? То, что то ли ее отец убил мать, то ли мать убила отца?

— Ну, обоих нашли застреленными, — сказала миссис Оливер. — На вершине скалы. Не помню, то ли в Корнуолле, то ли на Корсике... Что-то в этом роде.

— Так, значит, она сказала правду?

— Да, в этой части — правду. Это случилось много лет назад. Ну, и я... Почему она обратилась ко мне?

— Это ясно: потому, что вы пишете детективы, — объяснил Пуаро. — Несомненно, она сказала, что вы знаете всё о преступлениях. А то, что случилось, — оно было реально?

— О да. Не из таких вопросов: «что бы сделал А», или «какая процедура была бы уместна, если б ваш отец убил вашу мать». Нет, это реально случилось. И я подумала, что лучше рассказать эту историю вам. То есть я не могу вспомнить ее в точности, но в свое время она была широко известна. Это случилось... О, надо думать, как минимум около двадцати лет назад. И, говорю вам, я вспомнила имена этих людей, потому что знала их. С женой мы вместе учились в школе, и я знала ее очень хорошо. Мы дружили. Этот случай был широко известен — знаете, о нем писали все газеты и все такое прочее. Сэр Алистер Рейвенскрофт и леди Рейвенскрофт. Вполне счастливая пара: он был полковником или генералом, а она следовала за ним, и где только они не побывали! Потом купили где-то тот дом — кажется, за границей, но точно не помню... А потом вдруг в газетах появились эти сообщения. То ли кто-то убил их обоих, то ли они убили друг друга. Думаю, использовался револьвер, который всегда лежал у них в доме, и... Лучше я расскажу, что помню.

Собравшись с мыслями, миссис Оливер сумела более-менее ясно изложить то, что слышала. Пуаро время от времени уточнял ту или иную деталь.

— Но почему, — спросил он, когда рассказ подошел к концу, — почему та женщина так хочет это узнать?

— Ну, вот это я и хотела бы выяснить, — сказала миссис Оливер. — Думаю, я могу добраться до Селии. Я знаю, что она по-прежнему живет в Лондоне. А может быть, в Кембридже или в Оксфорде... Кажется, она защитила диплом и то ли читает там лекции, то ли преподает где-то еще... в общем, что-то в этом роде. И, знаете, она очень современная. Водится с длинноволосыми молодыми людьми в странных нарядах. Но не думаю, что употребляет наркотики. Она в полном порядке, и... Я слышу о ней лишь изредка, случайно. То есть она присылает мне открытки на Рождество, и все такое. Знаете, о своих крестниках не думают постоянно, а ей уже двадцать пять или двадцать шесть.

— Не замужем?

— Нет. Очевидно, она собирается замуж — или у нее есть такая мысль... Миссис... Как же звали ту женщину? Опять забыла. Ах да — миссис Бёртон-Кокс. За ее сына.

— И миссис Бёртон-Кокс не хочет, чтобы ее сын женился на этой девушке, потому что ее отец убил ее мать или мать убила отца?

— Ну, наверное, — сказала миссис Оливер. — Больше я ничего не могу предположить. Но какая разница, кто кого убил? Если один из твоих родителей убил другого, неужели для матери молодого человека, за которого ты собираешься выйти, так важно, кто именно совершил убийство?

— Об этом можно подумать, — сказал Пуаро. — Знаете... Да, это действительно интересно. То есть не то, кто убил: сэр Алистер Рейвенскрофт или леди Рейвенскрофт. Кажется, я смутно припоминаю что-то подобное... а может быть, и тот самый случай. Но странность кроется в самой миссис Бёртон-Кокс. Может быть, у нее что-то с головой... Она очень любит своего сына?

— Наверное, — сказала миссис Оливер. — Вероятно, она вообще не хочет, чтобы он женился на этой девушке.

— Потому что она могла унаследовать предрасположенность к убийству мужчины, за которого вышла, или что-то такое?

— Откуда мне знать? — сказала миссис Оливер. — Она, кажется, думает, что я могу все ей сказать, а сама рассказала мне не все, верно? Но почему, как вы думаете? Что стоит за всем этим? Что все это означает?

— Будет очень интересно это выяснить, — сказал Пуаро.

— Что ж, потому я к вам и пришла. Вы любите выяснять такие вещи — в которых поначалу не видите никакого мотива. То есть никто не видит мотива.

— Вы думаете, миссис Бёртон-Кокс отдает предпочтение какому-то варианту? — спросил Пуаро.

— То есть муж убил жену или жена убила мужа? Не думаю.

— Что ж, я понял вашу проблему, — сказал Пуаро. — Это меня очень заинтриговало. Приходишь домой с какого-то приема. Тебя просят сделать что-то очень трудное, почти невозможное, и — ты задумываешься, с какого конца взяться за это дело.

— Ну, и с какого же? — спросила миссис Оливер.

— Мне не так легко это сказать, — ответил Пуаро. — Ведь я не женщина. Не женщина, которую вы по-настоящему не знаете, которую вы встретили на ленче и которая поставила перед вами задачу и попросила решить ее, никак не объяснив своего мотива.

— Верно, — согласилась миссис Оливер. — И что теперь делать Ариадне? Иными словами, что теперь делать А., если б вы прочли об этой проблеме в газете?

— Ну, я предполагаю, у А. есть три пути. Можно написать записку миссис Бёртон-Кокс со словами: «Мне очень жаль, но я чувствую, что действительно не могу помочь Вам в этом вопросе», — или можете выразить это как-нибудь по-другому. Вариант Б: вы связываетесь с вашей крестницей и рассказываете ей, что спросила у вас мать ее парня, или молодого человека, или как там это называется, за которого она думает выйти замуж. От нее вы узнаёте, действительно ли она собирается за него замуж. Если да, то нет ли у нее какой-нибудь догадки, или не говорил ли ей этот молодой человек, что взбрело в голову его матушке. И тут появятся другие интересные моменты — например, выяснится, что думает девушка о матери молодого человека, за которого хочет выйти замуж. И третье, что вы можете сделать, — сказал Пуаро, — и что я настоятельно рекомендовал бы вам...

— Я знаю, — сказала миссис Оливер. — Одно слово.

— Ничего, — закончил Пуаро.

— Именно. Я знаю, что это было бы просто и правильно. Ничего. Это большое нахальство — пойти и сказать девушке, своей крестнице, что собирается рассказывать людям ее будущая свекровь и о чем расспрашивать. Но...

— Я знаю, — сказал Пуаро. — Человеческое любопытство.

— Я хочу узнать, почему эта противная тетка подошла ко мне и все это сказала. Когда узнаю, смогу успокоиться и забыть обо всем этом. Но до тех пор...

— Да, — сказал Пуаро, — вы не сможете заснуть. Или будете просыпаться среди ночи, и, если я действительно вас знаю, вам в голову будут приходить самые экстраординарные и экстравагантные идеи, из которых вы, пожалуй, некоторое время спустя сможете сочинить очень неплохую детективную историю. Детектив с убийством — триллер. Что угодно.

— Что ж, пожалуй, могла бы, если взглянуть с этой стороны, — согласилась миссис Оливер, и ее глаза слегка сверкнули.

— Бросьте это дело, — сказал Пуаро. — Это будет очень трудно. К тому же, похоже, для этого у вас нет никаких серьезных оснований.

— Но я хочу убедиться, что для этого нет никаких оснований.

— Человеческое любопытство, — повторил Пуаро. — Такая интересная штука... — Он вздохнул. — Подумать только, чем мы обязаны ему на протяжении истории. Любопытство. Не знаю, кто придумал любопытство. Говорят, что оно связано с кошкой. Кошку погубило любопытство[1]. Но я бы сказал, что любопытство

---

[1] «Любопытство сгубило кошку» — английская пословица, ср. «Любопытной Варваре на базаре нос оторвали». — *Прим. пер.*

изобрели греки. Они все хотели знать. До них, насколько я знаю, никто не хотел знать лишнего. До них люди лишь хотели знать, каковы правила той страны, в которой они жили, как избежать отсечения головы, или посадки на кол, или еще какой-нибудь неприятности. Но они или подчинялись, или не подчинялись этим правилам. Они не хотели знать *почему*. Но с тех пор многие захотели знать *почему*, и из-за этого много что произошло. Корабли, поезда, летающие аппараты, и атомные бомбы, и пенициллин, и методы лечения различных заболеваний. Маленький мальчик смотрит, как на мамином чайнике от пара подпрыгивает крышка — и мы узнали железную дорогу и поезда, которые со временем породили забастовки железнодорожников и многое другое. И так далее, и так далее.

— Но скажите, — поинтересовалась миссис Оливер, — вы считаете, что я люблю совать нос не в свое дело?

— Нет, не считаю. Я вообще не считаю вас очень любопытной женщиной. Но вижу, что на том литературном ленче вы впали в возбужденное состояние, защищаясь от излишней любезности и избыточных похвал. И из-за этого попали в другую неловкую ситуацию и страшно невзлюбили ту женщину, которая вас в нее поставила.

— Да. Это очень надоедливая женщина, очень неприятная.

— Это давнее убийство мужа и жены, которые будто бы прекрасно ладили, и не было известно ни о каких ссорах между ними. По вашим словам, нигде не писали про возможную причину убийства?

— Они были застрелены. Да, застрелены. Это могло быть самоубийство по сговору. Наверное, полиция так сначала и решила. Конечно, после стольких лет этого уже не выяснишь...

— Не скажите, — возразил Пуаро. — Думаю, я смогу кое-что выяснить.

— Вы хотите сказать — через ваших невообразимых друзей?

— Ну, пожалуй, я бы не стал называть их невообразимыми. Это определенно осведомленные друзья, которые могут получить доступ к определенным архивам, посмотреть на отчеты о преступлениях того времени — и дать и мне доступ к определенным записям.

— Вы сможете кое-что разузнать, — с надеждой сказала миссис Оливер, — и потом рассказать мне.

— Да, думаю, в любом случае я могу вам помочь узнать все факты, касающиеся этого дела. Хотя это и займет некоторое время.

— Я считаю, что если вы займетесь этим — а я очень этого хочу, — то и мне нужно будет предпринять что-то со своей стороны. Например, встретиться с этой девушкой. Я посмотрю, знает ли она что-то об этом, предложу выразить от ее имени недовольство ее потенциальной свекрови или же помочь каким-либо другим способом. И еще мне хочется посмотреть на молодого человека, за которого она собирается замуж.

— Совершенно верно, — одобрил Пуаро. — Превосходно.

— И я предполагаю, могут быть люди... — Миссис Оливер осеклась и нахмурилась.

— Не думаю, что люди очень помогут, — сказал Эркюль Пуаро. — В свое время, возможно, это было *cause célèbre*[1]. Но что такое *cause célèbre*, если подумать? Если только оно не заканчивается удивительной развязкой, а в данном случае развязки не было. Никто о нем не помнит.

— Да, — признала миссис Оливер, — это истинная правда. В газетах было много шуму, и иногда этот случай упоминали, а потом все просто забылось. Что ж, так теперь делается. Как с той девушкой на днях — знаете, которая вышла из дому, и ее нигде не могли найти. Ну, то есть это случилось пять или шесть лет назад, а потом вдруг маленький мальчик играет в куче песка,

---

[1] Громкое, скандальное дело (*фр.*).

или в яме с гравием, или что-то в этом роде — и находит мертвое тело. Через пять или шесть лет.

— Это верно, — согласился Пуаро. — И также верно другое: зная, сколько времени пролежало тело и что случилось в тот конкретный день, вернувшись к разнообразным событиям того дня, о которых остались записи, можно, наконец, найти убийцу. Но в вашем случае это будет труднее, поскольку, похоже, ответ будет одним из двух: либо муж не любил жену и хотел избавиться от нее, либо жена ненавидела мужа или имела любовника. Поэтому это могло быть убийство из ненависти или нечто совсем иное. В любом случае будет, так сказать, нечего разыскивать. Если полиция ничего не нашла в свое время, то мотив может оказаться сложным, который нелегко разглядеть. Потому оно и осталось сенсацией на неделю, не более того.

— Наверное, я навещу свою крестницу. Пожалуй, та ужасная женщина этого от меня и хотела. Она думает, что моя крестница знает — ну, может знать, — сказала миссис Оливер. — Знаете, дети осведомлены о таких вещах... Они ведают самое невероятное.

— Вы имеете представление, сколько лет было вашей крестнице в то время?

— Ну, да, если посчитать... но сразу не могу сказать. Наверное, девять или десять, но, возможно, и больше, не знаю. Думаю, она в то время была в школе. Но, может быть, это моя фантазия, воспоминания о том, что я когда-то читала...

— Так вы думаете, миссис Бёртон-Кокс хотела, чтобы вы получили информацию от своей крестницы? Возможно, девушка что-то знает, может быть, говорила что-то ее сыну, а сын сказал матери... Подозреваю, миссис Бёртон-Кокс пыталась сама расспрашивать девушку и получила отпор, но потом подумала, что знаменитая миссис Оливер, которая к тому же ее крестная мать и полна криминальных знаний, может выудить из нее информацию. Хотя почему ей так это важно, я не могу понять, — сказал Пуаро. — И мне не кажется, что те, кого вы туманно называете «люди», смогут помочь через столько лет. Неужели кто-то что-то помнит?

— Ну, в этом случае, я думаю, могли запомнить, — сказала миссис Оливер.

— Вы удивляете меня. — Пуаро озадаченно посмотрел на нее. — Разве люди что-то запоминают?

— Ну, на самом деле я думала о слонах.

— О слонах?

Как это частенько бывало и раньше, Пуаро подумал, что миссис Оливер действительно самая непостижимая женщина. С чего бы вдруг о слонах?

— На том ленче я думала о слонах.

— Почему? — с любопытством спросил Пуаро.

— Ну, на самом деле я думала о зубах. Знаете, это штуки, которыми пытаются жевать, а если у вас в некотором роде зубы ненастоящие — ну, вы не можете делать это очень хорошо. Понимаете, приходится помнить, что можно есть, а что нельзя.

— Да, — глубоко вздохнул Пуаро, — Да, да. Дантисты — они могут сделать многое, но не всё.

— Совершенно верно. А потом я подумала, знаете ли, что наши зубы — это просто кости, и они не так уж прочны, а как хорошо быть собакой, у которой зубы гораздо крепче. А потом я подумала о других, у кого такие твердые зубы, — о моржах и других животных. И вспомнила о слонах. Конечно, когда думаешь о слоновой кости, то думаешь и о слонах, не так ли? Об огромных слоновьих бивнях...

— Истинная правда, — признал Пуаро, так и не понимая, к чему ведет миссис Оливер.

— И потому я подумала, что нам нужно обратиться к людям, которые похожи на слонов. Потому что, говорят, слоны ничего не забывают.

— Да, я слышал такую фразу, — сказал Пуаро.

— Слоны ничего не забывают, — повторила миссис Оливер. — Вы знаете ту детскую сказку? Как какой-то индийский портной засунул иголку или что-то такое слону в бивень... нет, не в бивень, а в хобот — конечно же, слону в хобот. И в следующий раз, проходя мимо портного, слон набрал полный рот воды и окатил его, хотя не видел этого портного несколько лет. Он не забыл. Он запомнил. В этом все и дело. Слоны все помнят. Нам нужно только связаться с какими-то слонами.

— Я не уверен, что правильно понял вас, — сказал Эркюль Пуаро. — Кого вы классифицируете как слонов? Вы говорите так, словно собираетесь обратиться за сведениями в зоопарк.

— Ну, не совсем так, — ответила миссис Оливер. — Я имела в виду не собственно слонов как таковых, а то, как люди до некоторой степени могут напоминать слонов. Некоторые люди умеют помнить. Ведь люди запоминают все необычное. Например, я многое помню очень хорошо. К примеру, свой день рождения, когда мне исполнилось пять лет; помню розовый торт — прекрасный торт розового цвета, а на нем сидела сахарная птичка. И помню день, когда улетела моя канарейка и я плакала. Еще я помню другой день, когда вышла в поле, а там был бык, и кто-то сказал, что он меня забодает, и я перепугалась и хотела убежать. Да, я очень хорошо это помню. Это тоже было во вторник. Не знаю, почему я запомнила, что был вторник, но тогда точно был вторник. Еще помню чудесный поход за ежевикой. Помню, что кусты ужасно кололись, но я набрала ежевики больше всех. Это был чудесный день! Но тогда, кажется, мне было уже девять... Но зачем возвращаться так далеко? Я хочу сказать, я в жизни присутствовала на сотнях свадеб, но, когда гляжу назад, вспоминаются только две. Одна — когда я была подружкой невесты. Я помню, что это было в Нью-Форест, но не помню, кто там был еще. Наверное, выходила замуж моя кузина. Я не очень хорошо ее знала, но она хотела побольше подружек на свадьбе, ну, и я, наверное, показалась подходящей. А помню и другую свадьбу. Там был мой друг, военный моряк. Он чуть не утонул на подводной лодке, но спасся, а потом обручился с девушкой, чьи родители не хотели, чтобы она за него выходила, но он все же женился на ней, и я опять была среди подружек невесты. То есть я хочу сказать, всегда что-то запоминается.

— Я вас понял, — сказал Пуаро. — Мне кажется, это интересно. Значит, вы отправитесь *à la recherche des éléphants?*[1]

— Именно. Нужно только правильно установить дату.

— В этом я могу вам помочь.

— А потом я подумаю, кого знала в то время, кто имел те же знакомства, что и я, кто, вероятно, был знаком с генералом. Некоторые могли

---

[1] Искать слонов (*фр.*).

познакомиться с ними за границей, но я могла быть знакома и с такими, хотя и не видела Молли столько лет. Знаете, ведь можно навестить людей, с которыми долго не виделся. Потому что людям всегда приятно увидеть кого-то из прошлого, даже если они не очень хорошо тебя помнят.

— Очень интересно, — сказал Пуаро. — Похоже, вы хорошо подготовлены для своей задачи. Люди, хорошо или не очень хорошо знавшие Рейвенскрофтов, жившие в той же части мира, где произошел тот случай, или, может быть, до сих пор там живущие. Это труднее, но, думаю, нужно за это взяться. Так или иначе, нужно попробовать разные пути. Начните как бы невзначай разговор о том, что случилось тогда, что они думают об этом, что говорят другие, как это могло случиться. Думаю, вы можете раскопать много интересного.

— Ох, боюсь, я в самом деле просто сую свой нос не в свое дело.

— Вам дали задание, — сказал Пуаро. — И дал его не тот человек, который вам нравится, не тот, которому вы хотите помочь, а женщина, крайне вам неприятная. Это не важно. Вы по-прежнему в поиске — в поиске знания. Вы идете своим путем. Это путь слонов. Слоны умеют помнить. *Bon voyage*[1].

---

[1] Счастливого пути (*фр.*).

— Прошу прощения, — сказала миссис Оливер.

— Я посылаю вас в путь, сулящий открытия. *A la recherche des éléphants*.

— Наверное, я сошла с ума, — печально сказала миссис Оливер и еще раз провела руками по волосам, отчего стала похожа на картинку в книжках про Растрепку. — А я только задумала написать рассказ про золотистого ретривера... Но что-то не пошло. Никак не могла начать, если вы понимаете, как это бывает.

— Хорошо, бросьте золотистого ретривера. Сосредоточьтесь только на слонах.

Книга I
СЛОНЫ

Глава 3
Руководство двоюродной бабушки Элис

— Вы не могли бы найти мою записную книжку, мисс Ливингстоун?

— Она у вас на столе, миссис Оливер. В левом углу.

— Я имела в виду не эту, — сказала Ариадна. — Этой я пользуюсь сейчас. Я имела в виду предыдущую. Ту, что была у меня в прошлом году, или лучше ту, что была до нее.

— Может быть, вы ее выбросили? — предположила мисс Ливингстоун.

— Нет, я никогда не выбрасываю записные книжки и подобные вещи, потому что они так часто оказываются нужны. То есть некоторые адреса, которые не переписала в новую. Она, наверное, в ящике комода.

Мисс Ливингстоун появилась сравнительно недавно — она заменила мисс Седжвик. Ариадне Оливер не хватало мисс Седжвик — та знала столько всего... Знала, куда миссис Оливер иногда прячет свои вещи, в каких местах держит их. Она помнила имена людей, с которыми миссис Оливер вела приятную переписку, и имена тех, кому миссис Оливер через силу писала довольно неприятные письма. Она была неоценима — то есть была раньше. Она была вроде... как же называлась та книга? Такая большая, коричневая... Миссис Оливер ударилась в воспоминания. Эта книга была у всех людей викторианской эпохи. «Всё обо всем». И в самом деле там было можно узнать все! Как вывести пятна от утюга с льняной скатерти, что делать со свернувшимся майонезом, как начать неофициальное письмо к епископу... Много, много всего. Все это было в той книге. Великое подспорье для двоюродной бабушки Элис.

И мисс Седжвик была так же хороша, как та бабушкина книга. А мисс Ливингстоун — совсем не то. Она вечно стояла с вытянутым лицом, бледная и старалась выглядеть очень толковой. Каждая черточка на ее лице говорила: «Я очень толковая». Но на самом деле толку от нее было мало. Она только знала, куда клали свои вещи ее бывшие наниматели-литераторы, и явно считала, что и миссис Оливер должна держать их там же.

— Мне нужна моя записная книжка семидесятого года, — с твердостью и решительностью избалованного ребенка сказала миссис Оливер. — И, пожалуй, шестьдесят девятого тоже. Пожалуйста, разыщите их, и поскорее, будьте любезны.

— Конечно, конечно, — ответила мисс Ливингстоун.

Она огляделась с несколько рассеянным видом, как человек, который ищет что-то, о чем никогда раньше не слышал, но чья толковость способна найти это с помощью какого-то неожиданного всплеска удачи.

«Если я не верну свою Седжвик, то сойду с ума, — подумала миссис Оливер. — Без нее я пропаду».

Мисс Ливингстоун начала выдвигать разные ящики в мебели, что стояла в так называемом кабинете миссис Оливер и рабочей комнате.

— Вот прошлогодняя! — радостно воскликнула она. — Она будет более актуальна, не правда ли? За тысяча девятьсот семьдесят первый год.

— Мне не надо за семьдесят первый, — сказала миссис Оливер. У нее в голове всплыли смутные воспоминания. — Посмотрите в чайной коробке.

Мисс Ливингстоун с обеспокоенным видом огляделась.

— Вон там, — указала миссис Оливер.

— Записная книжка вряд ли может быть в чайной коробке, — пролепетала мисс Ливингстоун, напомнив своей работодательнице общеизвестные житейские истины.

— Нет, может, — ответила миссис Оливер. — Кажется, я вспомнила. — Отодвинув мисс Ливингстоун, она подошла к красивой инкрустированной чайной коробке, подняла крышку и заглянула внутрь. — Вот она.

Подняв крышку круглой банки из папье-маше, предназначенной для хранения чая «Лапсан Сушонг»[1], а не индийского, Ариадна вытащила маленькую измятую коричневую записную книжку.

— Но это же за тысяча девятьсот шестьдесят восьмой год, четырехлетней давности, миссис Оливер.

— Похоже, что так, — ответила та, приподняв ее и снова положив на письменный стол. — Пока что все, мисс Ливингстоун, но попробуйте, не сможете ли разыскать где-то мою книгу дней рождения.

— Я не знала...

— Теперь я ей не пользуюсь, — сказала миссис Оливер, — но когда-то я вела такую. Знаете, она довольно большая. Я начала вести ее в детстве и продолжала несколько лет. Наверное, она где-то в мансарде. Знаете, которую мы иногда

---

[1] «Лапсан Сушонг» — один из самых известных сортов чая из Южного Китая.

используем как запасное помещение, когда мальчишки приезжают на каникулы или кто-нибудь, кому все равно, где останавливаться... В таком сундуке, или, точнее, комоде, рядом с кроватью.

— Понятно. Мне пойти и посмотреть?
— Хорошая мысль.

Когда мисс Ливингстоун удалилась, миссис Оливер плотно закрыла за ней дверь и немного повеселела. Потом вернулась к письменному столу и начала просматривать написанные выцветшими чернилами адреса. От книжки пахло чаем.

— Рейвенскрофт. Селия Рейвенскрофт. Да. Фишейкр, четырнадцать, Мьюз, S.W.-три. Это в Челси. Тогда она жила там. Но потом был другой адрес. Где-то на Стрэнд-он-Грин, у моста Кью. — Она пролистала несколько страниц. — Вот, этот, кажется, поновее... Мардик-Гроув. Наверное, рядом с Фулхэм-роуд. Где-то там. Есть телефонный номер? Все стерлось, но, я думаю... Да, правильно, Челси. Однако же все-таки попытаюсь.

Она подошла к телефону.

Тут дверь открылась, и заглянула мисс Ливингстоун.

— Как вы думаете, может быть...
— Я уже нашла адрес, который искала, — сказала миссис Оливер. — Ступайте, поищите книгу дней рождения. Это важно.

— Может быть, вы оставили ее, когда жили в Сили-хаус?

— Нет, не думаю. Продолжайте поиски, — сказала миссис Оливер и, когда дверь закрылась, пробормотала: — И ищи, сколько влезет.

Она набрала номер и, пока ждала ответа, открыла дверь и крикнула:

— Посмотрите в испанском сундуке. Знаете, такой окованный медью... Не помню, где он теперь стоит. Наверное, в прихожей под столом.

Первая попытка дозвониться оказалась неудачной. Она попала к миссис Смит-Поттер, которая говорила раздраженно и неотзывчиво и не имела представления, какой теперь может быть номер у тех, кто жил в этой квартире раньше.

Миссис Оливер снова вернулась к изучению записной книжки и обнаружила еще два адреса, наскоро нацарапанных поверх других номеров. Они не казались очень полезными. Однако с третьей попытки в зачеркнанном удалось разобрать что-то похожее на «Рейвенскрофт», а также инициалы и адрес.

Раздавшийся в трубке голос признал, что знает Селию.

— О да, но она уже несколько лет как не живет здесь. Когда я последний раз о ней слышала, она, кажется, жила в Ньюкасле.

— Ой, боюсь, у меня нет того адреса, — сказала миссис Оливер.

— У меня тоже, — ответила любезная девушка. — Кажется, она стала секретаршей у хирурга-ветеринара.

Это звучало не очень обнадеживающе. Миссис Оливер попыталась еще пару раз. От адресов в самой поздней записной книжке не было никакого проку, и она вернулась к более ранним. Поклевка случилась, если можно так выразиться, когда она добралась до последней, за 1962 год.

— Ах, вы говорите о Селии, — сказал голос. — Селии Рейвенскрофт, верно? Или Финчуэлл?

Миссис Оливер еле удержалась, чтобы не сказать: «Нет, и не Редбрест тоже».

— Очень компетентная девушка, — продолжал голос. — Она работала у меня более полутора лет. О да, очень компетентная. Я была бы счастлива, если б она осталась дольше. Кажется, она съехала отсюда куда-то на Харли-стрит, но, пожалуй, у меня где-то есть ее адрес... Дайте я посмотрю. — Прошло какое-то время, пока миссис Незнакомка смотрела свои записи. — У меня есть один адрес. Это где-то в Айлингтоне[1]. Думаете, это возможно?

Миссис Оливер ответила, что все возможно, горячо поблагодарила миссис Незнакомку и записала адрес.

---

[1] Айлингтон — район в Лондоне.

— Как трудно искать адреса людей, правда? Обычно они присылают тебе их — на открытках, например... Но лично я, похоже, всегда их теряю.

Миссис Оливер ответила, что тоже страдает этим же.

Она набрала айлингтонский номер. Ответил голос с сильным иностранным акцентом:

— Вы ищете, да — что вы говорите? Кто здесь живет?

— Мисс Селия Рейвенскрофт?

— О да, очень верно. Да, да, она живет здесь. У нее комната на третьем этаже. Сейчас она вышла и нет дома.

— А позже, вечером, она будет?

— О, она будет дома очень скоро, я думаю, потому что она приходит домой одеться для приема и уходит.

Миссис Оливер поблагодарила за информацию и повесила трубку.

— Ох уж эти девушки! — раздраженно сказала она себе и попыталась вспомнить, как давно виделась со своей крестницей Селией. Потерянная связь. В этом все и дело.

«Итак, — подумала она, — Селия в Лондоне. Если и ее парень в Лондоне, или мать ее парня в Лондоне, то все складывается. Боже, у меня просто голова раскалывается...»

— Да, мисс Ливингстоун? — Она обернулась.

Мисс Ливингстоун, непохожая на себя, вся в пыли и в паутине, раздраженная, стояла в дверях со стопкой пыльных томов.

— Не знаю, понадобится ли вам это, миссис Оливер. Они, похоже, пролежали там много-много лет, — неодобрительно сказала она.

— Непременно понадобятся, — ответила миссис Оливер.

— Не знаю, хотите ли вы, чтобы я нашла в них что-то конкретное...

— Не думаю. Если вы положите их вон туда, на край дивана, вечером я сама их просмотрю.

Неодобрение мисс Ливингстоун нарастало с каждой секундой.

— Хорошо, миссис Оливер. Пожалуй, я только сначала смахну с них пыль.

— Это будет очень любезно с вашей стороны, — сказала миссис Оливер и вовремя замолкла, чтобы не сказать: «И, ради бога, стряхните пыль с себя. У вас все левое ухо в паутине».

Она посмотрела на часы и снова набрала айлингтонский номер. На этот раз ей ответил чисто англосаксонский голос, в этом не было сомнений, что вызвало у миссис Оливер удовлетворение.

— Мисс Рейвенскрофт? Селия Рейвенскрофт?

— Да, это Селия Рейвенскрофт.

— Что ж, не думаю, что ты меня хорошо помнишь. Я миссис Оливер, Ариадна Оливер. Мы давно не виделись, но на самом деле я твоя крестная.

— Ах да, конечно, я знаю... Да, мы давно не виделись.

— Мне бы очень хотелось тебя увидеть. Хорошо бы ты пришла ко мне, или мы могли бы встретиться в другом месте, как тебе больше нравится. Могла бы ты прийти на ужин или...

— Ну, сейчас это довольно трудно, учитывая, где я работаю. Я могла бы заскочить сегодня вечером, если хотите. Примерно в полвосьмого или в восемь. Потом у меня встреча, но...

— Если ты зайдешь, я буду очень, очень рада.

— Ну, конечно, зайду.

— Запиши адрес. — Миссис Оливер продиктовала.

— Хорошо. Я буду. Да, я хорошо знаю, где это.

Миссис Оливер сделала пометку в телефонном блокноте и с некоторым раздражением посмотрела на мисс Ливингстоун, которая только что вошла в комнату, сгибаясь под тяжестью огромного альбома.

— Может быть, этот, миссис Оливер?

— Нет, не может. Здесь кухонные рецепты.

— Боже, — сказала мисс Ливингстоун. — Рецепты.

— Ну, может быть, я посмотрю какие-нибудь, — сказала миссис Оливер, твердо отодвигая альбом. — Пойдите посмотрите еще. Знаете, я подумала, может быть, в бельевом шкафчике... Рядом с ванной. Нужно заглянуть на верхнюю полку, над банными полотенцами. Я иногда кладу туда бумаги и книги... Погодите минутку. Я поднимусь посмотреть вместе с вами.

Через десять минут миссис Оливер просматривала страницы выцветшего альбома. Мисс Ливингстоун, достигнув финальной стадии мученичества, стояла у двери. Не в силах выносить вида таких страданий, миссис Оливер сказала:

— Что ж, хорошо. Вы могли бы посмотреть еще в столе в столовой... В старом письменном столе. Знаете, который немного сломан. Может быть, там найдете еще несколько записных книжек. Самых ранних. Все до десятилетнего возраста будут представлять интерес. А после этого... не думаю, что мне сегодня еще что-то понадобится.

Мисс Ливингстоун удалилась.

«Интересно, — сказала себе миссис Оливер, сев и с глубоким вздохом взглянув на страницы книги дней рождения, — кто получил больше удовольствия: она, уйдя, или я, увидев, что она ушла? После визита Селии мне предстоит напряженный вечер...»

Взяв новую тетрадь из стопки на столике рядом с письменным столом, она записала разные даты, возможные адреса и имена, отыскала что-то еще в записной книжке и стала звонить месье Эркюлю Пуаро.

— Ах, это вы, месье Пуаро?

— Да, мадам, это я собственной персоной.

— Вы что-нибудь сделали?

— Прошу прощения: сделал что?

— Что-нибудь. Из того, что я просила вчера.

— Да, конечно. Я привел все в движение. И приготовился навести кое-какие справки.

— Но еще не навели, — сказала миссис Оливер, имея слабое представление, что на языке мужчин означает «что-то сделать».

— А вы, *chère madame*?

— Я была очень занята.

— Ага! И что же вы делали?

— Собирала слонов, если это что-то для вас значит.

— Да, думаю, я понял, что вы имели в виду.

— Это нелегко — заглянуть в прошлое. В самом деле, удивительно, сколь многое и многих вспоминает человек, когда дело доходит до просмотра имен. Честное слово, какие же глупости люди иногда пишут в альбомах на дни рождения! Не могу понять, почему, когда мне было шестнадцать, или семнадцать, или даже тридцать, мне хотелось, чтобы люди что-то написали мне в альбом. Есть цитаты какого-нибудь поэта для каждого дня в году. Некоторые из них так глупы, что просто ужас.

— Вы собрались с духом на поиски?

— Не совсем, — ответила миссис Оливер. — Но я по-прежнему думаю, что нахожусь на правильном пути. Я позвонила своей крестнице...

— Ага. И собираетесь с нею встретиться?

— Да, она собирается зайти ко мне. Сегодня вечером, между семью и восемью, если она не передумает. Никогда не знаешь. Молодежь так ненадежна...

— Ей было приятно, что вы позвонили?

— Не знаю. Не особенно. У нее был очень резкий голос, и — теперь я вспомнила — в последний раз, когда я с ней виделась, лет десять назад, мне она показалась несколько нелюбезной.

— Нелюбезной? В каком смысле?

— Я хочу сказать, что скорее она выражала свое недовольство моим поведением, чем наоборот.

— Это может быть хорошо, а не плохо.

— Вы так считаете?

— Если кто-то решил, что не хочет вас любить, то он, конечно, не будет вас любить и получит больше удовольствия, давая вам это понять, — и таким образом выдаст вам больше информации, чем если б старался быть дружелюбным и милым.

— Вы хотите сказать, чем если б старался подлизываться? Да, в этом что-то есть. Тогда люди говорят то, что, по их мнению, мне было бы приятно слышать. А так они будут говорить что-то, чтобы вызвать у меня раздражение. Неужели Селия из таких? Честно сказать, я лучше помню ее в пятилетнем возрасте, чем в любом другом. У нее была гувернантка, и она бросала в нее свои ботинки.

— Гувернантка в девочку или девочка в гувернантку?

— Конечно, девочка в гувернантку!

Ариадна повесила трубку и, переместившись на диван, стала просматривать строчку воспоминаний о прошлом, шепча себе под нос имена:

— Марианна Жозефина Понтарлье — конечно, я не думала о ней много лет, я думала, что она умерла... Анна Брейсби — да, да, она жила в той части мира — интересно, как теперь...

За этим занятием прошло изрядно времени, и миссис Оливер удивилась, когда раздался звонок. Она поспешила открыть дверь.

Глава 4

Селия

На коврике за дверью стояла высокая девушка. На какое-то мгновение миссис Оливер опешила, глядя на нее. Значит, это — Селия... Она оставляла стойкое впечатление энергии и жизненной силы. У Ариадны возникло чувство, которое появляется не часто.

«Вот, — подумала она, — вот личность, которая знает, что ей нужно. Возможно, агрессивная, с нею может быть трудно, может быть, даже опасно. Одна из тех девушек, которые имеют цель в жизни, которые, может быть, готовы к насилию и применяют его для достижения цели. Но интересная. Определенно интересная».

— Заходи, Селия. Как давно я тебя не видела! Последний раз, насколько помню, на какой-то свадьбе. Ты была подружкой невесты. Помнится, на тебе было абрикосовое шифоновое платье и в руках большие охапки — не помню чего, кажется, золотарника.

— Вероятно, золотарника, — подтвердила Селия Рейвенскрофт. — Мы все тогда чихали от сенной лихорадки. Ужасная свадьба. Невестой была Марта Леггорн, не так ли? На подружках невесты были самые безобразные платья, какие я только видела. Определенно, я никогда не надевала ничего безобразнее!

— Да, они никому не шли. А ты выглядела лучше большинства, если можно так сказать.

— Приятно это услышать, спасибо, — сказала Селия. — Я тогда не лучшим образом себя чувствовала.

Миссис Оливер указала на кресло и достала два графина.

— Шерри или что-то другое?

— Лучше шерри.

— Тогда вот. Тебе, наверное, показалось довольно странным, что я вот так вдруг тебе позвонила.

— Да нет. Не вижу в этом ничего особенного.

— Боюсь, я не очень сознательная крестная. Люди чувствуют, что в какой-то момент их обязанности заканчиваются. Не то чтобы я действительно выполняла свои... Не помню, приходила ли я на твою конфирмацию.

— Я считаю, обязанности крестной — заставить выучить катехизис и кое-что еще в этом роде. Разве не так? И отвергнуть дьявола от моего имени, — сказала Селия с добродушной улыбкой.

«Она очень приветлива, — подумала миссис Оливер, — но в то же время и в некотором роде опасна», — и сказала:

— Что ж, я расскажу тебе, почему попыталась до тебя добраться. Дело несколько необычное. Я не часто хожу на литературные сборища, но так получилось, что позавчера посетила такое...

— Да, я знаю, — сказала Селия, — я видела что-то в газете, и там упоминалось ваше имя — миссис Ариадна Оливер, — и я даже удивилась, зная, что вы обычно не ходите на такие мероприятия.

— Да, и я даже отчасти жалею, что пошла на этот раз.

— Не понравилось?

— Да нет, в некотором смысле понравилось, потому что раньше я никогда на таких собраниях не бывала.

— Но случилось что-то неприятное?

— Да. И это странным образом связано с тобой. И я подумала... ну, подумала, что нужно тебе об этом рассказать, потому что случившееся мне не понравилось. Совсем не понравилось.

— Вы меня заинтриговали, — сказала Селия, пригубив шерри.

— Со мной заговорила одна женщина. Я ее не знала, и она меня не знала.

— Ну, я думаю, такое порой случается.

— Да, постоянно. Это одна из опасностей литературной жизни. Люди подходят к тебе и говорят: «Я так обожаю ваши книги, и я так рад возможности познакомиться с вами!» — и все такое.

— Я как-то работала секретарем у писательницы. Мне известно о таких вещах, и я знаю, как трудно это выносить.

— Да, и тут тоже было что-то в этом роде, но я была к этому готова. А потом вдруг ко мне подходит женщина и говорит: кажется, у вас есть крестная по имени Селия Рейвенскрофт...

— А вот это несколько странно, — признала Селия. — Вот так просто подошла и сказала?

Мне кажется, она должна была подвести вас к этому постепенно. Знаете, сначала поговорить о ваших книгах, как ей понравилась последняя, или что-то в этом роде... А уж потом как-то перескочить на меня. Что она имела против меня?

— Насколько я знаю, ничего.

— Она моя подруга?

— Не знаю, — сказала миссис Оливер.

Возникла пауза. Селия сделала глоточек шерри и испытующе посмотрела на миссис Оливер.

— Знаете, вы меня довольно-таки заинтриговали. Не могу понять, к чему вы ведете.

— Ну, я надеюсь, ты на меня не рассердишься.

— С чего бы мне на вас сердиться?

— Ну, я хочу сказать тебе нечто — или пересказать нечто, — а ты можешь сказать мне, что это не мое дело и что мне нужно помалкивать об этом и никогда не упоминать.

— Вы разожгли мое любопытство.

— Она назвала мне свое имя. Ее зовут миссис Бёртон-Кокс.

— О! — Ее «О!» прозвучало особым образом. — О!

— Ты ее знаешь?

— Да, знаю, — сказала Селия.

— Ну, я так и думала, что знаешь, потому что...

— Почему?

— Из-за того, что она сказала.

— И что же? Про меня? Что она знает меня?

— Она сказала, что, возможно, ее сын собирается на тебе жениться.

Лицо Селии переменилось, брови поднялись, потом снова опустились, и она строго посмотрела на миссис Оливер.

— Вы хотите знать, так это или нет?

— Нет, — ответила миссис Оливер. — Не особенно. Я упомянула об этом просто потому, что она почти сразу сообщила мне об этом. Сказала, что поскольку я твоя крестная, то могла бы попросить тебя дать кое-какую информацию. Предполагаю, она подразумевала, что если я получу эту информацию, то передам ее миссис Бёртон-Кокс.

— Какую информацию?

— Боюсь, тебе не понравится то, что я сейчас скажу. Мне самой это не понравилось. На самом деле она вызвала у меня отвратительное чувство, я прямо вся содрогнулась, потому что это было... ну, такое страшное нахальство. Ужасные манеры. Совершенно непростительно. Она сказала: «Не могли бы вы выяснить, это ее отец убил ее мать или мать убила отца?»

— Так что она вам сказала? Попросила выяснить?

— Да.

— И она вас не знала? То есть кроме того, что вы писательница и пришли на это мероприятие?

— Она не знала меня совсем. Никогда меня не видела, и я никогда не видела ее.

— Вам не показалось это чрезвычайно странным?

— Не знаю, нашла ли я чрезвычайно странным то, что она сказала, но эта женщина потрясла меня, если можно так сказать, своей отвратительностью.

— О да. Она исключительно отвратительная женщина.

— И ты собираешься замуж за ее сына?

— Ну, мы обсуждали этот вопрос. Не знаю. Вам известно то, о чем она говорила?

— Ну, я знала только то, что, наверное, знает любой, знакомый с вашей семьей.

— Что мои отец и мать после возвращения из Индии купили себе дом в деревне, куда и уехали, и там прогуливались вместе по тропинке в скалах. И что их нашли там обоих застреленными. Рядом лежал револьвер. Он принадлежал моему отцу — у него, кажется, дома было два револьвера. И нельзя было понять, то ли это было самоубийство по сговору, то ли отец убил мать, а потом — себя, то ли мать убила отца, а потом — себя. Но вы, наверное, все это уже знаете.

— Я знаю это до известной степени, — сказала миссис Оливер. — Кажется, это случилось лет двенадцать-пятнадцать назад.

— Да, примерно так.

— И тебе тогда было лет двенадцать-четырнадцать.

— Да...

— Я мало знаю об этом, — сказала миссис Оливер, — меня тогда даже не было в Англии. Как раз в то время я совершала тур по Америке, читала лекции. Я просто прочла об этом в газете. Тогда пресса уделила этому большое внимание, потому что трудно было установить реальные факты — казалось, что для убийства или самоубийства не было никакого мотива. Твои отец и мать всегда были счастливы вместе и поддерживали хорошие отношения. Я помню, что это упоминалось. Я заинтересовалась, потому что знала твоих отца и мать, когда все мы были гораздо моложе, особенно твою мать. Я училась с ней в школе. А потом наши пути разошлись. Я вышла замуж и уехала, и она вышла замуж и уехала — насколько помню, в Индию или куда-то в этом роде — со своим мужем-военным. Но она попросила меня стать крестной матерью для одного из ее детей. Для тебя. Поскольку твои родители жили за границей, я очень мало виделась с ними за все эти годы. И тебя видела лишь изредка.

— Да. Вы забирали меня из школы. Я помню. И давали мне что-нибудь вкусненькое. Да, вы вкусно меня кормили.

— Ты была необычным ребенком. Любила икру.

— И сейчас люблю, — сказала Селия, — но что-то нечасто мне ее предлагают.

— Я была потрясена, прочтя в газете о том случае. Там сообщалось очень мало. Я поняла, что был открытый вердикт[1]. Никакого особенного мотива. Нечего предъявить. Никаких свидетельств о ссоре, никаких предположений, что убил кто-то третий. Я была потрясена, — сказала миссис Оливер. — А потом забыла об этом. Раз или два я задумывалась, что могло привести к этому, но, поскольку меня не было в Англии — как уже сказала, я тогда совершала тур по Америке, — все это вылетело у меня из головы. Только через несколько лет я снова увидела тебя и, естественно, не говорила с тобой о смерти родителей.

— Да, — сказала Селия, — и я благодарна вам за это.

— В жизни человек натыкается на любопытные случаи, происходящие с его друзьями и знакомыми. В отношении друзей, конечно, обычно ты догадываешься, что привело к тому или иному инциденту. Но если прошло много времени

---

[1] Открытый вердикт — вердикт коллегии присяжных при коронере, констатирующий факт смерти без указания ее причины. — *Прим. пер.*

с тех пор, как ты слышал что-то о них или говорил с ними, то остаешься во мраке, и сколько ни любопытствуй, а обратиться не к кому.

— Вы всегда были ко мне добры, — сказала Селия. — Вы присылали милые подарки; особенно мне запомнился тот, что получила, когда мне исполнился двадцать один год.

— Это возраст, когда девушкам нужно иметь свободные деньги под рукой, — заметила миссис Оливер, — потому что им хочется столько всего совершить и немедленно приобрести.

— Да, я всегда считала, что вы понимаете, и не... Ну, вы знаете, какими бывают некоторые. Всегда пристают с вопросами, расспрашивают и хотят все о тебе знать. Вы никогда не задавали вопросов. Вы часто брали меня на представления или устраивали мне прекрасные обеды и разговаривали со мной, как будто... ну, как будто все прекрасно, а вы просто дальняя родственница. Я это оценила. В жизни я знала многих, кто слишком любил совать нос не в свое дело.

— Да, рано или поздно все сталкиваются с этим, — сказала миссис Оливер. — Но теперь ты понимаешь, как меня вывели из себя на том приеме. Не часто случается, чтобы совершенно незнакомый человек вроде миссис Бёртон-Кокс обратился к тебе с подобной просьбой. И я не могу представить, зачем ей это знать. Это явно не ее дело. Если только...

— Вы подумали, если только это не связано с женитьбой Десмонда на мне. Десмонд — ее сын.

— Да, это могло быть связано, но не вижу, каким образом и какое ей до этого дело.

— Ей до всего есть дело. Она любит всюду совать свой нос... В общем, вы правильно сказали: отвратительная женщина.

— Но, насколько я понимаю, Десмонд не такой отвратительный?

— Нет, нет. Я очень люблю Десмонда, и он очень любит меня. Просто мне не нравится его мать.

— А он любит свою мать?

— Честно сказать, не знаю. Может быть, и любит — чего в жизни не бывает, верно? Но все равно сейчас я не собираюсь замуж. Мне не хочется. И кроме того, есть много... ну, трудностей. Знаете, всегда много всяких «за» и «против». Наверное, это вызвало у вас любопытство — то есть почему миссис Сующая-Нос попросила вас выудить у меня сведения, а потом все рассказать ей... Кстати, вы это хотите у меня спросить?

— Ты хочешь знать, прошу ли я ответить, что ты думаешь о том, кто кого убил из твоих родителей или это было двойное самоубийство? Ты это имеешь в виду?

— Ну, в некотором роде да. Но, полагаю, я тоже должна вас спросить: если вы хотите задать этот вопрос, то нет ли у вас мысли передать полученную информацию миссис Бёртон-Кокс?

— Нет, — ответила миссис Оливер. — Решительно нет. Мне и в голову не приходило что-либо рассказывать этой отвратительной женщине. Я твердо заявлю ей, что это не ее и не мое дело и у меня нет ни малейших намерений получать у тебя информацию и передавать ей.

— Что ж, я так и думала, — сказала Селия. — Думаю, я могу довериться вам и рассказать, что знаю. Все как есть.

— Не нужно. Я этого не прошу.

— Нет, я вижу, вам любопытно. И все же я дам вам ответ. Ответ таков — ничего.

— Ничего, — задумчиво повторила миссис Оливер.

— Да. Меня тогда там не было. То есть меня не было в том доме. Не могу вспомнить, где я тогда была. Наверное, училась в школе в Швейцарии или же гостила у школьной подруги на каникулах. Видите ли, через столько времени у меня все смешалось в голове.

— Представляю, — с сомнением проговорила миссис Оливер. — Вряд ли ты могла знать все это, учитывая твой возраст в то время.

— А мне интересно, — сказала Селия, — что вы думаете об этом? Думаете, я могла бы все знать? Или ничего не знать?

— Ну, ты сказала, что тебя не было в том доме. А если б была, то да, вполне вероятно, могла бы что-то знать. Дети обычно что-то знают. Подростки. В этом возрасте люди многое знают, многое видят, но не часто говорят об этом. Но они знают то, что неизвестно остальному миру, и то, что не захотели бы рассказать, например, полицейским следователям.

— Нет. Вы же в здравом уме. Я бы ничего не знала. Не думаю, что что-то знала бы. Не думаю, что у меня были бы какие-то догадки. Что подумала полиция? Надеюсь, вы не возражаете, что я спрашиваю, потому что мне это интересно. Видите ли, я никогда не читала отчетов о расследовании или чего-то такого и не наводила справок.

— Думаю, они решили, что это двойное самоубийство, но вряд ли у них были какие-нибудь догадки о причинах.

— А хотите знать, что я думаю?

— Нет, если ты не хочешь, чтобы я знала, — сказала миссис Оливер.

— Но я думаю, вам будет интересно... В конце концов, вы пишете криминальные истории о людях, которые убили себя или друг друга или у которых были причины для этого. Вам наверняка должно быть интересно.

— Да, признаю, — согласилась миссис Оливер. — Но меньше всего я хочу обидеть тебя, выуживая сведения, которые меня не касаются.

— А я задумывалась, — сказала Селия, — я часто задумывалась время от времени, почему и как все произошло, но я плохо разбиралась в этих делах. То есть о том, как идут дела дома. В предыдущие каникулы я ездила по обмену на материк и потому уже довольно долго не виделась с отцом и матерью. То есть они раз или два приезжали в Швейцарию и забирали меня из школы, но это, собственно, и все. У них все, казалось, было как обычно, но они как-то постарели. Отец, наверное, болел. То есть дряхлел. Не знаю, то ли сердце, то ли еще что... Об этом как-то не думаешь. Мама тоже. Она все больше нервничала. Не то чтобы ипохондрия, а некоторая склонность беспокоиться о здоровье. Они хорошо ладили между собой, у них были дружеские отношения. Ничего особенного я не заметила. Лишь иногда, порой, приходят мысли. Вовсе не думаешь, что они истинные или обязательно правильные, но все же задумываешься, а что, если...

— Думаю, нам лучше об этом больше не говорить, — сказала миссис Оливер. — Нам не нужно знать или выяснять что-либо. Все прошло, со всем покончено. Вердикт был вполне удовлетворительный. В нем не было определено, как это случилось, не указано мотива, ничего такого. Но и речи не было о том, что твой отец преднамеренно убил твою мать или мать преднамеренно убила отца.

— Если задуматься, что более вероятно, я бы сказала, что отец убил мать. Потому что, видите ли, мне кажется, для мужчины естественнее застрелить кого-то. Застрелить женщину по каким-то причинам. Думаю, что женщина — по крайней мере вроде моей матери — вряд ли застрелила бы его. Если б она хотела его смерти, то, мне кажется, выбрала бы какой-нибудь другой способ. Но я не думаю, что кто-то из них желал другому смерти.

— Значит, мог быть кто-то третий.

— Да, но что значит «третий»? — спросила Селия.

— Кто еще жил в том доме?

— Экономка, пожилая, полуслепая и полуглухая. Еще — девушка-иностранка, которая работала за стол и кров; она когда-то была моей гувернанткой — была страшно милой — и вернулась ухаживать за мамой, когда та лежала в больнице... И еще — моя тетя, которую я всегда недолюбливала. Не думаю, что кто-то из них таил злобу на моих родителей. Никому от их смерти не было никакой выгоды, разве что, может быть, мне и моему брату Эдварду, который на четыре года меня младше. Мы унаследовали все деньги, но их было не очень много. Мой отец, конечно, получал пенсию, у матери был небольшой собственный доход... Нет, ничего существенного.

— Извини, — сказала миссис Оливер. — Извини, если я причинила тебе боль подобным вопросом.

— Вы не причинили мне боль. Вы дали мне возможность восстановить кое-что в памяти, и это оказалось интересно. Видите ли, теперь я в том возрасте, когда хотела бы знать правду. Я знала своих родителей и любила их, как люди любят родителей, — не пылко и неистово, а обычно. При этом я сознаю, что не знаю, что они собой представляли. Что у них была за жизнь. Что для них было важно. Вообще ничего про них не знаю. А хотелось бы знать. Это как заноза — что-то засело в тебе и не дает покоя... Да. Я бы хотела узнать. Чтобы потом, понимаете, больше не думать об этом.

— Значит, ты думаешь? Думаешь об этом?

Селия молча посмотрела на нее, как будто пытаясь принять решение.

— Да, — наконец ответила она. — Я думаю об этом почти все время. Я бьюсь, чтобы хоть что-то понять, если вы понимаете, что я имею в виду. И у Десмонда такое же чувство.

Глава 5

У СТАРЫХ ГРЕХОВ ДЛИННЫЕ ТЕНИ

Эркюль Пуаро, остановив рукой движение вертящейся двери, вошел в небольшой ресторанчик. Там было немного посетителей, как и обычно в такое время дня, но он увидел человека, с которым хотел встретиться. Из-за стола в углу поднялась квадратная массивная туша суперинтенданта Спенса.

— Хорошо, — сказал детектив. — А вот и вы. Легко нашли?

— Вполне. Ваши указания были предельно ясны.

— Позвольте вас познакомить. Это главный суперинтендант Гарроуэй. Месье Эркюль Пуаро.

Гарроуэй был высокий худой человек с постным аскетическим лицом, седыми волосами и небольшой лысиной, вроде тонзуры, отчего слегка напоминал священнослужителя.

— Прекрасно, — сказал Пуаро.

— Конечно, я уже на пенсии, — сказал Гарроуэй, — но меня помнят. Да, люди помнят некоторые вещи, хотя они давно прошли и основная публика, вероятно, совершенно о них забыла. Да.

Эркюль Пуаро чуть было не сказал «слоны умеют помнить», но вовремя спохватился. Эта фраза теперь так связалась у него в уме с миссис Ариадной Оливер, что слова о слонах так и вертелись у него на языке во многих явно неподходящих случаях.

— Надеюсь, у вас хватит терпения, — сказал суперинтендант Спенс.

Он выдвинул стул, и все трое уселись. Принесли меню. Спенс, который явно имел слабость к этому ресторану, попробовал дать совет, но Гарроуэй и Пуаро выбрали сами. Потом, откинувшись на спинки стульев и потягивая из бокалов шерри, они несколько минут молча смотрели друг на друга, прежде чем начать разговор.

— Я должен извиниться перед вами, — сказал Пуаро. — Я действительно должен извиниться за то, что пришел к вам с просьбой заняться делом, с которым давно покончено.

— Мне интересно, — ответил Спенс, — что заинтересовало вас. Сначала я подумал, что это на вас не похоже — копаться в прошлом. Это как-то связано с чем-то случившимся в наши дни, или, возможно, виновато внезапное любопытство к какому-то необъяснимому происшествию? Я угадал? — Он посмотрел через стол и продолжил: — То расследование смерти Рейвенскрофтов вел Гарроуэй, тогда простой инспектор. Он мой старый друг, и мне не составило труда связаться с ним.

— Было очень любезно с его стороны прийти сюда сегодня, — сказал Пуаро, — потому что я должен признаться в любопытстве, которое, конечно, не имею права испытывать к давно закрытому делу.

— Ну, я бы так не сказал, — возразил Гарроуэй. — Нам всем интересны определенные старые дела. Действительно ли Лиззи Борден зарубила топором своих отца и мать?[1] Многие до сих пор так не считают. Кто и зачем убил Чарльза Браво?[2] Есть несколько разных предположений, и большинство из них не имеют достаточных оснований. И все же люди пытаются найти альтернативные объяснения. — Его острые, пронзительные глаза взглянули на маленького бельгийца. — А месье Пуаро, если не ошибаюсь, иногда проявлял склонность заглядывать в дела, касающиеся, так сказать, прошлых убийств. Это случалось два или три раза.

— Определенно три, — сказал старший инспектор Спенс. — Однажды — думаю, что не ошибаюсь, — по просьбе одной девушки-канадки.

---

[1] Лиззи Борден в 1892 г. обвинялась в убийстве своего отца и мачехи топором и была при сомнительных обстоятельствах оправдана. — *Прим. пер.*

[2] Чарльз Браво был отравлен в 1876 г., преступление не было раскрыто. — *Прим. пер.*

— Верно, — подтвердил Пуаро. — Канадская девушка, очень страстная, неистовая, яростная, взялась расследовать убийство, за которое ее мать приговорили к смертной казни, хотя она умерла до того, как приговор был приведен в исполнение. Ее дочь была уверена, что мать ни в чем не виновна.

— И вы согласились? — спросил Гарроуэй.

— Когда она в первый раз рассказала мне об этом деле, не согласился, — ответил Пуаро. — Но она говорила с большой страстью и уверенностью.

— Это естественно для дочери — желать, чтобы ее мать оказалась не виновна, и попытаться доказать это вопреки всем свидетельствам обратного, — сказал Спенс.

— В этом было кое-что еще, — ответил Пуаро. — Она убедительно описала мне, каким человеком была ее мать.

— Женщиной, не способной к убийству?

— Нет, и я уверен, вы оба со мной согласитесь: если знаешь, каковы люди и что ими движет, очень трудно представить, что существует кто-то совершенно не способный на убийство. Но в том конкретном случае мать не заявляла о своей невиновности. Она, похоже, была вполне удовлетворена приговором. Вначале это казалось любопытным. Была ли она просто покорна судьбе? Нет, говорили, что совсем наоборот.

Гарроуэй как будто заинтересовался. Он наклонился над столом и отщипнул крошку от хлеба на тарелке.

— И она оказалась невиновна?

— Да, — сказал Пуаро. — Она была невиновна.

— И это вас удивило?

— К тому времени, когда я это понял, — нет. Тут было два факта, и особенно важным оказался один из них; его никто в то время не оценил по достоинству. Зная этот факт, требовалось только посмотреть, так сказать, в меню, прежде чем смотреть куда-то еще[1].

В это время перед ними поставили приготовленную на гриле форель.

— И был еще случай, когда вы заглядывали в прошлое, — продолжал Спенс. — С девушкой, которая заявила на вечеринке, что видела убийство.

— Тут снова пришлось — как бы это выразиться — пятиться назад, вместо того чтобы идти вперед, — сказал Пуаро. — Да, совершенно верно.

— И та девушка в самом деле видела убийство?

— Нет. Потому что его видела другая девушка[2]. Форель восхитительна, — проговорил он с видом знатока.

---

[1] См. роман Агаты Кристи «Пять поросят».

[2] См. роман Агаты Кристи «Вечеринка в Хэллоуин».

— Они здесь хорошо готовят рыбу, — сказал старший инспектор Спенс. Он полил блюдо из услужливо подставленного соусника и добавил: — Превосходный соус.

Три последующие минуты были посвящены наслаждению пищей.

— Когда Спенс пришел ко мне, — сказал Гарроуэй, — и спросил, помню ли что-нибудь про дело Рейвенскрофтов, это меня одновременно заинтриговало и обрадовало.

— Вы не забыли его?

— Дело Рейвенскрофтов? Как его можно забыть? Это было непростое дело.

— Вы согласны, что в нем были странные несоответствия? — спросил Пуаро. — Недостаток доказательств, альтернативные решения?

— Нет, — ответил Гарроуэй, — ничего подобного. Все свидетельства опирались на очевидные факты. В прошлом было несколько примеров подобных смертей, да, и все совершенно тривиальные. И все же...

— Что? — насторожился Пуаро.

— И все же все было совсем не так, — сказал Гарроуэй.

— Вот как? — воскликнул Спенс, с интересом посмотрев на него.

— Вы почувствовали это, верно? — спросил Пуаро, повернувшись к нему.

— В деле миссис Макгинти. Да.

— Вы были не удовлетворены, когда того крайне неприятного молодого человека арестовали. Он имел все причины сделать это и выглядел так, как будто сделал, и все думали, что это он. Но вы знали, что он этого не делал. Вы были так уверены, что пришли ко мне и попросили заняться этим делом и посмотреть, что можно найти.

— Посмотреть, не можете ли помочь, — и вы помогли, верно? — сказал Спенс.

Пуаро вздохнул.

— К счастью, да. Но как меня утомил тот молодой человек! Если бы молодых людей приговаривали к повешению не за то, что совершили убийство, а за то, что не оказали никакой помощи в доказательстве своей невиновности![1] А теперь это дело Рейвенскрофтов. Так вы говорите, инспектор Гарроуэй, что-то было не так?

— Да, я ясно чувствовал это, если вы меня понимаете.

— Понимаю, — сказал Пуаро. — И также понимает Спенс. Иногда такое случается. Есть доказательства, есть мотивы, возможности, улики, обстановка, все такое. Детальный план, как говорится. И все же те, кто занимается этим, понимают. Понимают, что все не так — подоб-

---

[1] См. роман Агаты Кристи «Миссис Макгинти с жизнью рассталась».

но тому, как художественный критик понимает, что картина никуда не годится. Он понимает, что это подделка, а не настоящая вещь.

— И я ничего не мог с этим поделать, — сказал Гарроуэй. — Я смотрел туда, сюда, вокруг, сверху, снизу, если можно так выразиться. Разговаривал с людьми. Ничего. Все выглядело, как самоубийство по сговору, по всем признакам. Конечно, могло быть и так, что муж застрелил жену, а потом — себя, или жена застрелила мужа, а потом — себя. Все три варианта случаются. Когда сталкиваешься с этим, знаешь, что это и произошло. Но в большинстве случаев догадываешься, почему.

— А в данном случае не было никаких видимых причин, так? — спросил Пуаро.

— Да. В том-то все и дело. Видите ли, когда начинаешь расследование, когда начинаешь исследовать людей и предметы, то, как правило, складывается картина жизни убитых. Тут была пожилая пара, муж имел хороший послужной список, жена его любила, была симпатичной, они хорошо ладили. Это выясняется быстро. Они были счастливы вместе. Ходили вместе гулять, играли в пикет и в покер, раскладывали вместе пасьянс по вечерам. У них были дети, которые не вызывали особенного беспокойства. Мальчик ходил в школу в Англии, а девочка училась в пансионе в Швейцарии. Можно сказать, что все в их жизни протекало правильно. Как показало медицинское освидетельствование, ничего определенно страшного не было и со здоровьем. Муж одно время страдал от повышенного давления, но был в хорошем состоянии, принимая соответствующие лекарства, которые держали его в норме. Жена была глуховата и имела небольшие проблемы с сердцем, но опять же ничего такого, о чем бы можно было беспокоиться. Конечно, возможно — такое случается, — что кто-то из них боялся за свое здоровье. Есть много здоровых людей, которые уверены, что у них рак и что они не протянут и года. Иногда это приводит к самоубийству. Но Рейвенскрофты не были похожи на таких. Они выглядели уравновешенными и спокойными.

— Так что же вы на самом деле подумали? — спросил Пуаро.

— Беда в том, что я не мог ничего предположить. Оглядываясь назад, я говорю себе, что это было самоубийство. Это могло быть только самоубийство. По той или иной причине они решили, что жизнь для них невыносима. Не из-за финансовых трудностей, не из-за проблем со здоровьем, не из-за личного несчастья. И здесь, понимаете, я зашел в полный тупик. Их смерть имела все признаки самоубийства. Я не могу представить, что еще могло случиться, кроме самоубийства. Они пошли гулять. На ту прогулку они взяли с собой револьвер. Он лежал между двумя телами. На нем были смазанные отпечатки пальцев обоих. То есть оба держали его, но ничто не указывает на то, кто стрелял из него последним. Некоторые склонны считать, что муж застрелил жену, а потом — себя. Просто потому, что это более вероятно. Да... Столько лет прошло... Когда иногда что-то напоминает мне о том случае, когда я читаю в газетах о найденных телах, о телах мужа и жены, очевидно лишивших себя жизни, я снова задумываюсь, что же случилось с Рейвенскрофтами. Спустя двенадцать или четырнадцать лет я по-прежнему вспоминаю дело Рейвенскрофтов, и в голове у меня лишь одно слово: зачем-зачем-зачем? Жена на самом деле ненавидела мужа и хотела от него избавиться? Или оба ненавидели друг друга, а потом уже не смогли вынести такой жизни?

Гарроуэй отщипнул еще кусочек хлеба и стал жевать.

— У вас есть какая-нибудь догадка, месье Пуаро? Кто-нибудь подошел к вам и рассказал что-то, что пробудило в вас особый интерес? Вы узнали нечто, могущее ответить на вопрос «зачем»?

— Нет, — ответил Пуаро, — и все же у вас наверняка была какая-то версия. Бросьте притворяться, у вас ведь была версия?

— Конечно, вы совершенно правы. Всегда есть версии. Всегда предполагаешь, что все они или, по крайней мере, одна, сработает, но обычно этого не происходит. Пожалуй, я в конце концов пришел к выводу, что причину искать невозможно, потому что не хватает данных. Что я знаю о них? Генералу Рейвенскрофту было под шестьдесят, его жене — тридцать пять. Все, что мне известно о них, строго говоря, — это лишь последние пять или шесть лет их жизни. Генерал вышел в отставку, на пенсию. Они вернулись из-за границы в Англию, и все свидетельства, что я собрал, все мои знания относятся к короткому промежутку времени, в течение которого они сначала имели дом в Борнмуте, а потом переехали туда, где и случилась трагедия. Они жили там мирно и счастливо, дети приезжали к ним на каникулы... Это был спокойный период, должен сказать, в конце предположительно спокойной жизни. Но потом я подумал: а что я знаю о той спокойной жизни? Я знал их после возвращения в Англию, знал их семью. Не было никакого финансового мотива, или мотива ненависти, или мотива сексуального характера, или постоянных романов на стороне... Нет. Однако перед этим периодом был другой. Что я знал о нем? Я знал лишь, что в основном они жили за границей, иногда приезжая на родину; хороший послужной список у мужа, хорошие воспоминания о его жене у ее друзей и подруг. Не было никакой выдающейся трагедии, ссоры, ничего такого не было замечено. Впрочем, я мог просто не знать. И никто не знает. А ведь был период, скажем, двадцатых-тридцатых годов, с детства до их женитьбы, или время, когда они жили в Индии и других местах... Возможно, корень трагедии лежит там. Моя бабушка любила повторять поговорку: у старых грехов длинные тени. Была ли причиной их смерти какая-то длинная тень, тень из прошлого? Нелегко это выяснить. Можно прочесть послужной список человека, выяснить, что о нем говорят друзья и знакомые, но так и не узнать скрытые подробности. Ну, я думаю, в голове у меня помаленьку выстроилось предположение, куда можно было бы заглянуть, если б я смог. Наверное, что-то случилось тогда, в другой стране. Нечто такое, про что думали, что оно забылось, прошло и больше не существует, но на самом деле существовало. Какая-то обида из прошлого, какое-то событие, о котором никто не знал, случившееся не во время их пребывания в Англии... Если б только знать, где искать.

— Вы хотите сказать, не что-то такое, о чем мог вспомнить любой, — уточнил Пуаро. — То есть вспомнить сейчас. Что-то такое, о чем не знал никто из их друзей в Англии.

— Похоже, большинство друзей они завели уже после отставки мужа, хотя, могу предположить, иногда к ним приезжали старые друзья. Но никто не слышал о том, что случилось в прошлом. Люди всё забывают.

— Да, — задумчиво проговорил Пуаро, — люди забывают.

— В отличие от слонов, — сказал Гарроуэй с еле заметной улыбкой. — Говорят, что слоны все запоминают.

— Странно, что вы это говорите, — заметил Пуаро.

— О старых грехах?

— Нет. Меня заинтересовало ваше упоминание о слонах.

Гарроуэй удивленно посмотрел на него, словно ожидая продолжения. Спенс тоже быстро взглянул на старого друга.

— Что-то могло случиться в Индии, — предположил он. — То есть... ну, слоны ведь появились оттуда, не так ли? Или из Африки... Как бы то ни было, кто вам говорил про слонов?

— Их упоминала одна моя знакомая, — сказал Пуаро. — Вы ее знаете, — обратился он к суперинтенданту Спенсу, — это миссис Оливер.

— Ах, миссис Ариадна Оливер... Ну...

Он помолчал.

— Что «ну»? — спросил Пуаро.

— Ну, так ей что-то известно? — спросил Спенс.

— Пока что не знаю, — ответил Пуаро, — но может в скором времени узнать, — и задумчиво добавил: — Она такой человек. У нее есть опыт, если вы понимаете, о чем я говорю.

— Да, — сказал Спенс. — Да. У нее есть какие-то догадки?

— Вы говорите про миссис Ариадну Оливер, писательницу? — заинтересовался Гарроуэй.

— Про нее, — ответил Спенс.

— Она разбирается в криминалистике? Я знаю, что она пишет детективы. Никогда не понимал, откуда она берет свои идеи и факты...

— Ее идеи, — ответил бельгиец, — выходят у нее из головы. А факты — ну, это более трудный вопрос...

Он помолчал.

— О чем вы задумались, Пуаро? О чем-то особенном?

— Да. Однажды я разрушил один из ее сюжетов, или так она мне сказала. У нее только родилась блестящая идея одного дела, что-то относительно шерстяной футболки с длинными рукавами. Я спросил ее о чем-то по телефону, и от этого идея вылетела у нее из головы. Она периодически меня за это упрекает.

— Боже, боже! — сказал Спенс. — Напоминает ту петрушку, что утонула в сливочном масле в жаркий день. Знаете? Шерлок Холмс и собака, которая ничего не делала по ночам[1].

---

[1] Спенс говорит про новеллу «Шесть Наполеонов» из «Записок о Шерлоке Холмсе». В русском переводе М. Н. Чуковской этот фрагмент пропущен. — *Прим. пер.*

— У них была собака? — поинтересовался Пуаро.

— Простите?

— Я спросил: у них была собака? У генерала и миссис Рейвенскрофт? Они взяли ее с собой на прогулку в день трагедии?

— Да, собака была, — сказал Гарроуэй. — Наверное, обычно они брали ее на прогулки.

— Если б это был один из рассказов миссис Оливер, — заметил Спенс, — вы бы обнаружили собаку, воющую над двумя мертвыми телами. Но этого не было.

Гарроуэй покачал головой.

— Интересно, где теперь та собака? — проговорил Пуаро.

— Похоронена в чьем-нибудь саду, наверное, — ответил Гарроуэй. — Четырнадцать лет прошло.

— Значит, у собаки мы спросить не можем, не так ли? — заключил Пуаро и задумчиво добавил: — А жаль. Знаете, это поразительно, что могут знать собаки. А кто точно был в доме? То есть в тот день, когда это все случилось?

— Я принес список, — сказал Гарроуэй, — на случай, если захотите ознакомиться. Миссис Уиттейкер, пожилая экономка и заодно повариха. У нее был тогда выходной, так что мы не много полезного смогли у нее узнать. Еще у них в тот день жила женщина, которая, кажется, раньше работала гувернанткой у детей. Миссис Уиттейкер была глуховата и подслеповата. Она не смогла сообщить нам ничего интересного, кроме того, что недавно леди Рейвенскрофт лежала в больнице или какой-то клинике по поводу нервов — очевидно, ничего серьезного. Еще был садовник.

— Но неизвестный мог прийти и не из дома. Неизвестный из прошлого. Это ведь ваша идея, суперинтендант Гарроуэй?

— Не столько идея, сколько предположение.

Пуаро помолчал, вспоминая, как когда-то попросил вернуться в прошлое, изучая пятерых человек из прошлого, которые напомнили ему детский стишок про пятерых поросят. Это было интересно, и конец оказался плодотворным, поскольку тогда он выяснил правду.

Глава 6

Старый друг помнит

Вернувшись на следующее утро домой, миссис Оливер обнаружила, что мисс Ливингстоун ждет ее.

— Было два телефонных звонка, миссис Оливер.

— Вот как?

— Первый был из компании «Кричтон и Смит». Они хотели узнать, какого цвета парчу вы выбрали: лайм или бледно-голубой?

— Я еще не решила, — ответила миссис Оливер. — Завтра утром напомните мне, ладно? Я хочу посмотреть в вечернем освещении.

— А второй звонок от какого-то иностранца... кажется, мистера Эркюля Пуаро.

— Ах да. Что ему было нужно?

— Он спросил, не можете ли вы зайти к нему сегодня во второй половине дня.

— Это совершенно невозможно. Позвоните ему, хорошо? Мне прямо сейчас нужно опять уйти. Он оставил свой номер телефона?

— Да, оставил.

— Тогда всё в порядке. Не придется снова его разыскивать. Хорошо. Просто позвоните ему. Скажите, что мне очень жаль, но зайти не смогу, потому что я выслеживаю слонов.

— Простите?

— Скажите, что я выслеживаю слонов.

— Ах да, конечно, — сказала мисс Ливингстоун, бросив пристальный взгляд на свою работодательницу, чтобы проверить, в себе ли она, а то с ней всякое бывало: хотя миссис Ариадна Оливер была успешной писательницей романов, у нее не всегда всё было в порядке с головой.

— Раньше я никогда не охотилась на слонов, — сказала миссис Оливер. — А это очень увлекательное занятие.

Она прошла в гостиную и раскрыла верхнюю из лежащих на диване книжек, многие из которых были весьма потрепаны, так как Ариадна штудировала их накануне вечером и исписала целый лист разными адресами.

— Ну, теперь есть с чего начинать, — сказала она. — В целом, я думаю, если Джулия еще не совсем спятила, можно начать с нее. У нее всегда были идеи, и, в конце концов, она знает ту часть страны, так как жила неподалеку... Да, пожалуй, начнем с Джулии.

— Вам нужно подписать четыре письма, — напомнила мисс Ливингстоун.

— Я не могу сейчас отвлекаться, — ответила миссис Оливер. — У меня ни одной свободной минуты. Мне нужно отправиться в Хэмптон-Корт, а это довольно далеко.

* * *

Почтенная Джулия Карстерс, преодолев небольшую трудность с поднятием себя из кресла — трудность, какая бывает у семидесятилетних при вставании на ноги после длительного отдыха, даже, возможно, дремоты, — шагнула вперед, немного щурясь, чтобы рассмотреть, о чьем же прибытии объявила верная служанка, которая делила с ней жилище, полагающееся миссис Карстерс в соответствии со статусом члена «Домов для привилегированных».

Миссис Галливер... Так, что ли? Но она не помнила миссис Галливер. Миссис Карстерс продвинулась на подрагивающих ногах, продолжая вглядываться.

— Я не ожидаю, что вы меня вспомните, столько лет прошло с нашей последней встречи.

Как и многие пожилые люди, миссис Карстерс помнила голоса лучше, чем лица.

— Как! — воскликнула она. — Это же... Боже, да это же Ариадна! Дорогая, как я рада тебя видеть!

Последовали приветствия.

— Я просто оказалась в этой части мира, — объяснила миссис Оливер. — Мне пришлось зайти кое к кому поблизости отсюда. А потом я вдруг вспомнила, что вчера вечером просматривала записную книжку и увидела, что неподалеку и твоя квартира. Восхитительно, не правда ли? — добавила она, озирая помещение.

— Не так плохо, — согласилась миссис Карстерс. — Знаешь, не так, как описывали, но имеет много достоинств. Поставила свою мебель и все такое, и тут есть ресторан, где можно поесть; конечно, можно готовить здесь... О, да, очень неплохо, правда. И рядом с домом очаровательно и ухожено. Но сядь, Ариадна, сядь. Ты прекрасно выглядишь. Я видела в газете, что ты на днях была на литературном ленче. Как странно: видишь что-то в газете, а на следующий день встречаешь самого человека... Удивительно.

— Я знаю, — сказала миссис Оливер, садясь в предложенное кресло. — Так оно и бывает, верно?

— Ты по-прежнему живешь в Лондоне?

Миссис Оливер сказала, что да, по-прежнему живет в Лондоне, а затем перешла к тому, что было у нее на уме, — при этом в ней проснулись смутные воспоминания о том, как в детстве она ходила в танцевальный класс, и о первой фигуре лансье[1]. Шаг вперед, шаг назад, руки в стороны, два раза повернуться, покружиться и так далее...

Она расспросила о дочери миссис Карстерс и о двух внучках, спросила, как поживает ее вторая дочка. Оказалось, что та чем-то занимается в Новой Зеландии; миссис Карстерс, похоже, не знала, чем именно, — какими-то социальными исследованиями. Нажав на кнопку электрического звонка на подлокотнике кресла, она велела Эмме принести чаю. Миссис Оливер попросила ее не беспокоиться, но Джулия Карстерс сказала:

— Конечно же, Ариадне нужно попить чаю.

Две дамы откинулись на спинки своих кресел. Вторая и третья фигуры лансье. Старые друзья. Чужие дети. Смерть друзей.

---

[1] Лансье — старинный танец, популярный в Англии в XIX в. — *Прим. пер.*

— Сколько же лет мы не виделись, — сказала миссис Карстерс.

— Кажется, мы виделись на свадьбе Ллуэллинов, — ответила миссис Оливер.

— Да, пожалуй. Как ужасно Мойра выглядела в роли подружки невесты! Этот страшно не идущий ей абрикосовый оттенок...

— Да. Он им не шел.

— По-моему, нынешние свадьбы не сравнятся с теми, что бывали в наши дни. На них теперь так странно одеваются... На днях одна моя подруга пришла со свадьбы и рассказала, что на женихе было нечто из белого стеганого шелка с оборками на шее. Кажется, из валенсийских кружев. Очень необычно. А на невесте — брючный костюм; тоже белый, но в зеленых трилистниках. Представляешь, Ариадна! Поистине экстравагантно. И это в церкви! На месте священника я бы отказалась их венчать.

Прибыл чай, и разговор продолжился.

— На днях я виделась со своей крестницей Селией Рейвенскрофт, — сказала миссис Оливер. — Ты помнишь Рейвенскрофтов? Конечно, это было давным-давно...

— Рейвенскрофтов? Погоди минутку... Там же была очень печальная трагедия, не так ли? Двойное самоубийство, верно? Около их дома, в Оверклиффе.

— У тебя замечательная память, Джулия, — сказала миссис Оливер.

— Всегда была такая. Хотя иногда возникают проблемы с именами... Да, это было очень печально, не так ли?

— Да, в самом деле.

— Один из моих кузенов хорошо знал их в Индии, Родди Фостер, ты его знаешь. Генерал Рейвенскрофт сделал выдающуюся карьеру. Конечно, к тому времени, когда вышел в отставку, он стал глуховат и не всегда хорошо слышал, что ему говорят.

— Ты так хорошо их помнишь?

— О да. Не следует забывать людей, верно? Они прожили в Оверклиффе пять или шесть лет.

— Я забыла, как ее звали, — сказала миссис Оливер.

— Кажется, Маргарет. Но все звали ее Молли. Да, Маргарет... Тогда так многих называли, правда? Она носила парик, помнишь?

— О да, — сказала миссис Оливер. — Не могу точно вспомнить, но, кажется, помню.

— Не уверена, что она не пыталась убедить и меня надеть парик. Она говорила, это удобно, когда путешествуешь за границей. У нее было четыре разных парика. Один вечерний, один дорожный и один — очень странный, знаешь. На него можно было надеть шляпу, и он не растрепывался.

— Я знала их не так хорошо, как ты. К тому же во время их гибели я совершала тур по Америке, читала лекции. Так что не слышала никаких подробностей.

— Ну, конечно, это была великая загадка, — сказала Джулия Карстерс. — Я хочу сказать, подробностей никто не знал. Ходило столько разных историй...

— А что говорили на следствии? Я полагаю, было следствие?

— О да, конечно. Полиция расследовала этот случай. Знаешь, было что-то сомнительное в том, что смерть наступила от выстрелов из револьвера. Они так и не выяснили, что же именно случилось. Возможно, генерал Рейвенскрофт застрелил жену, а потом — себя, но так же вероятно, что леди Рейвенскрофт застрелила мужа, а потом — себя. Скорее всего, я думаю, это было самоубийство по сговору, но точно неизвестно, как это произошло.

— Кажется, вопрос о преступлении не вставал?

— Нет, нет. Было ясно заявлено, что никаких подозрений в злодеянии нет. То есть не было никаких следов чьих-то ног или других признаков того, что кто-то к ним приближался. После чая они вышли из дома на прогулку, как часто делали. И не вернулись к ужину, и слуга или еще кто-то — садовник, что ли, не знаю —

пошел их искать и нашел обоих мертвыми. Рядом лежал револьвер.

— Револьвер принадлежал генералу, верно?

— О да. У него дома было два револьвера. Эти бывшие военные часто держат дома револьверы, не так ли? Я хочу сказать, так они чувствуют себя безопаснее, учитывая, что нынче делается. Второй револьвер по-прежнему лежал в доме в ящике стола, так что он... ну, наверное, он намеренно взял с собой револьвер. Не думаю, что он обычно ходил на прогулку с оружием.

— Да. Это было неспроста, да?

— Но не было никаких явных свидетельств, что у них случилось какое-то несчастье, или между ними произошла ссора, или что была какая-то еще причина для самоубийства. Конечно, никогда не знаешь, какие печальные вещи происходят в чужой жизни...

— Да, да, — согласилась миссис Оливер. — Никогда не знаешь. Как верно ты сказала, Джулия... А у тебя есть какие-нибудь собственные догадки?

— Ну, конечно, всегда задумываешься, дорогая.

— Да, — согласилась миссис Оливер, — всегда задумываешься.

— Возможно, у него была какая-то болезнь. Думаю, ему могли сказать, что он умрет от рака, но, согласно медицинскому освидетельствованию, рака у него не было. Он был совершенно здоров. То есть у него было... как же бишь оно называется?.. коронарная недостаточность, правильно я сказала? Звучит, как что-то связанное с короной, правда? Но на самом деле это сердечная болезнь. У него что-то такое было, но он вылечился. А вот она была очень, очень нервной. Она всегда была неврастеничкой.

— Да, я припоминаю, — сказала миссис Оливер. — Конечно, я не очень хорошо их знала, но... — И вдруг спросила: — На ней был парик?

— О! Ну, знаешь, не могу вспомнить. Она всегда носила парик. То есть один из четырех.

— Я просто задумалась, — сказала миссис Оливер. — Мне кажется, что если собираешься застрелиться или даже застрелить мужа, то не надеваешь парик, как ты думаешь?

Дамы заинтересованно обсудили этот вопрос.

— Что ты думаешь по этому поводу, Джулия?

— Ну, как я сказала, дорогая, всегда задумываешься... Кое-что говорили, но так всегда бывает.

— Про него или про нее?

— Ну, говорили, что была какая-то молодая женщина... Да, кажется, она работала у него секретаршей. Он писал мемуары о своей карьере в Индии — полагаю, по договору с издательством, — и она печатала под его диктовку. Но некоторые говорили — ну, ты знаешь, что порой говорят, — что, возможно, он был некоторым образом связан с этой девушкой. Она была не очень молода. За тридцать, и не очень привлекательна, и я не думаю, что из-за нее были какие-то скандалы или что-то такое. И все же — никогда не знаешь... Некоторые подумали, что он застрелил жену, потому что хотел... Ну, да, возможно, хотел жениться на той женщине. Но на самом деле я не думаю, что так говорили, и никогда в это не верила.

— А что ты подумала?

— Ну, конечно, немножко задумалась о *ней*.

— Ты хочешь сказать, что был замешан какой-то мужчина?

— Думаю, что в Малайе что-то было. Я слышала какую-то историю. Что она спуталась с каким-то молодым человеком, много младше ее. А ее мужу это не очень понравилось, и случился небольшой скандал. Не помню где. Но это было очень давно, и не думаю, что из этого что-то вышло.

— Ты не думаешь, что были сплетни ближе к дому? Никаких особых отношений с кем-либо по соседству? Никаких свидетельств о ссорах между ними или чего-то такого?

— Нет, не думаю. Конечно, в свое время я читала все об этом случае. Конечно, это обсуждали, потому как имелось ощущение, что тут могла быть какая-то... ну, какая-то поистине трагическая любовная история.

— Но ведь ее не было, как ты думаешь? У них ведь были дети, не так ли? Их дочь — моя крестница.

— О да, и еще был сын. Наверное, еще маленький, школьного возраста. Девочке было всего двенадцать, не больше. Она жила в какой-то семье в Швейцарии.

— Я надеюсь, в семье Рейвенскрофтов не было психических заболеваний?

— О, ты имеешь в виду мальчика? Да, конечно, может быть. Про мальчиков рассказывают странные вещи. Один застрелил своего отца — это случилось, кажется, где-то в Ньюкасле. За несколько лет до того. Он был в ужасной депрессии и сначала, кажется, пытался повеситься, когда учился в университете, а потом пошел и застрелил отца. И никто не знает почему... Но все равно, с Рейвенскрофтами было все не так. Нет, нет, я вполне уверена в этом. Но не могу удержаться от мысли, что некоторым образом...

— Что, Джулия?

— Не могу удержаться от мысли, что, понимаешь ли, был какой-то мужчина.

— Ты хочешь сказать, что она...

— Да, ну... Ну, это могло быть. Во-первых, парик.

— Не понимаю, при чем тут парик.
— Ну, она хотела лучше выглядеть.
— Но ей было тридцать пять.
— Больше, больше. Думаю, тридцать шесть. И помню, как-то раз она показывала мне свои парики, и один или два в самом деле делали ее довольно привлекательной. И она применяла много косметики. Это все началось, похоже, как раз после того, как они приехали в Англию. Она была довольно хорошенькая.

— Ты хочешь сказать, что она встретила кого-то? Какого-то мужчину?

— Ну, я всегда так и думала, — сказала миссис Карстерс. — Видишь ли, если мужчина встречается с девушкой, люди это замечают, потому что мужчины плохо умеют заметать следы. А вот женщины, у них все по-другому... ну, то есть если она кого-то встретила и никто об этом не знал.

— О, ты в самом деле так думаешь, Джулия?

— Нет, в самом деле я так не думаю, — сказала она, — потому что кто-нибудь всегда что-нибудь узнает, разве не так? То есть, понимаешь, знает прислуга, садовник, водитель автобуса... Или кто-нибудь из соседей. Они знают. И говорят. И все же могло быть что-то в этом роде, и когда он узнал об этом...

— Ты имеешь в виду убийство из ревности?
— Да, пожалуй, что так.

— Значит, по-твоему, скорее он застрелил ее, а потом — себя, а не наоборот?

— Ну, надо полагать, так, потому что, наверное, если б она попыталась избавиться от него... Ну, не думаю, что они пошли бы вместе на прогулку, и у нее в сумочке был бы револьвер, и сумочка у нее в таком случае была бы побольше. Нужно думать о практической стороне вещей.

— Я знаю, — сказала миссис Оливер. — Нужно. Это очень интересно.

— Тебе и должно быть интересно, дорогая, — ведь ты пишешь криминальные романы. И потому предполагаю, что тебе в голову придут идеи побогаче. Ты лучше знаешь, что могло случиться.

— Я не знаю, что могло случиться, — сказала миссис Оливер, — потому что, понимаешь ли, все преступления, про которые я пишу, я придумала сама. То есть в моих историях происходит то, что я хочу, а не то, что случилось на самом деле или что могло случиться. И потому я меньше всего подхожу для того, чтобы решать, что случилось. Мне интересно, что ты думаешь об этом, потому что ты, Джулия, очень хорошо знаешь этих людей... то есть раньше очень хорошо их знала. И я думаю, она могла когда-нибудь что-нибудь тебе сказать — или он мог...

— Да, да. Погоди минутку. Теперь, когда ты сказала, я что-то припоминаю.

Миссис Карстерс откинулась на спинку кресла и в сомнении покачала головой, потом прикрыла глаза — и словно впала в кому.

Миссис Оливер хранила молчание; на ее лице застыло выражение, которое бывает у женщин, когда они ждут первых признаков закипания чайника.

— Помню, Молли как-то раз сказала одну вещь, и я тогда задумалась, *что* она имела в виду, — наконец проговорила миссис Карстерс. — Что-то про начало новой жизни — кажется, в связи со святой Терезой, святой Терезой Авильской...

Миссис Оливер несколько удивилась:

— Но при чем тут Тереза Авильская?

— Ну, я толком не знаю... Наверное, она читала ее житие. Как бы то ни было, Молли сказала, что это чудесно — как женщины иногда обретают второе дыхание. Она употребила не совсем это слово, но что-то вроде. Знаешь, когда женщине сорок или пятьдесят или что-то в этом роде и вдруг хочется начать новую жизнь... Вот Тереза Авильская и начала. До тех пор она ничего особенного не делала, просто была монахиней, а потом вышла и реформировала все женские монастыри — и заважничала, и стала великой святой.

— Да, но это не совсем то же самое.

— Не совсем, — признала миссис Карстерс. — Но женщины часто говорят глупости, знаешь ли, когда стареют... я говорю об их любовных приключениях. Дескать, считают, что это никогда не поздно.

Глава 7

Назад в детскую

Миссис Оливер с некоторой задумчивостью смотрела на три ступеньки и входную дверь маленького, довольно ветхого с виду коттеджа на боковой улице. Под окнами росли какие-то луковицы — в основном тюльпаны.

Помешкав, миссис Оливер открыла записную книжку и, убедившись, что находится именно там, где нужно, осторожно постучала в дверь после нескольких попыток нажать кнопку, возможно, имеющую отношение к электричеству, но не вызвавшую внутри никакого звона или иного звука.

Послышались шаркающие шаги, потом астматическое дыхание, и звук, как будто чьи-то руки пытаются открыть дверь. Эти звуки эхом отдавались в почтовом ящике на двери.

— Ох, провались ты! Да провались же ты пропадом! Снова заел, скотина!

Наконец, усердие было вознаграждено успехом, и дверь, издав довольно мрачный скрип, медленно отворилась. Показалась древняя старуха артритической наружности со сморщенным лицом и согбенными плечами. Ага, посетитель...

Лицо ее было неприветливо. Оно не выражало ни тени страха, а одно только отвращение к тому, кто пришел и постучал в ее дом — крепость английской женщины. Лет ей было семьдесят или восемьдесят, но она пылала намерением защитить свое жилище.

— Не знаю, что вам нужно, и мне... — Она осеклась. — Ба! Да это же мисс Ариадна. Ну, кто бы мог подумать! Это мисс Ариадна...

— Очень мило с вашей стороны, что меня узнали, — сказала миссис Оливер. — Как ваше здоровье, миссис Мэтчем?

— Мисс Ариадна! Подумать только...

Сколько лет прошло, подумала миссис Оливер, с тех пор как к ней обращались «мисс Ариадна», но интонация скрипучего от возраста голоса была знакома.

— Заходи, моя дорогая, — сказала старуха, — заходи. Ты хорошо выглядишь, хорошо. Не помню уже, сколько лет тебя не видела. Лет пятнадцать, не меньше.

Намного больше, подумала миссис Оливер, но не стала уточнять это и вошла. Руки миссис Мэтчем тряслись, словно не желая слушаться хозяйку. Старухе удалось закрыть дверь, и, шаркая и хромая, она пошла в маленькую комнатку, которую держала для приема желанных или нежеланных визитеров, допущенных миссис Мэтчем в свой дом.

Здесь было множество фотографий — как маленьких детей, так и взрослых. Несколько были вставлены в кожаные рамки, слегка ссохшиеся, но еще не распавшиеся на части. На одной фотографии в серебряной, уже изрядно потускневшей рамке была видна молодая женщина в официальном придворном платье и с перьями на голове. Еще были фото двух морских офицеров, двух военных и несколько фотографий голеньких малышей на расстеленных пеленках. В комнате стояли диван и два стула. Миссис Оливер села на один из них, предложенный хозяйкой.

Миссис Мэтчем вдавилась в диван и не без труда подложила под спину подушку.

— Ну, моя дорогая, просто чудо, что это ты. Все пишешь свои милые истории?

— Да, — сказала миссис Оливер, согласившись, хотя и с некоторым сомнением, что детективные романы и рассказы про преступления можно назвать милыми историями. Но это, подумала она, было очень в духе миссис Мэтчем.

— Я теперь одна, — сказала старушка. — Помнишь Грейс, мою сестру? Она умерла прошлой осенью, вот как. Рак. Сделали операцию, но поздно.

— О, сочувствую, — сказала миссис Оливер.

Беседа продолжалась еще десять минут на тему кончин, одного за другим, родственников миссис Мэтчем.

— А у тебя всё в порядке? Живешь хорошо? Замужем? Ах да, я помню, он умер несколько лет назад, верно? И что привело тебя сюда, в Литтл-Солтерн-Майнор?

— Я просто случайно оказалась поблизости, а заглянув в записную книжку, подумала: почему бы не зайти? Ну, посмотреть, как вы, и все такое.

— Ага! И поговорить о прежних временах... Всегда приятно повспоминать, верно?

— Да, верно, — сказала миссис Оливер, чувствуя некоторое облегчение от того, что ее саму направили на ту тему, ради которой она сюда, в общем-то, и пришла. — Сколько у вас фотографий!

— Да, что есть, то есть... Знаешь, когда я была в том доме с глупым названием — «Дом счастливого заката для престарелых», что-то в этом роде, — то через год с четвертью уже не могла выносить такой жизни. Это было ужасно — не иметь собственных вещей; знаешь, там все принадлежало дому. Не скажу, что было некомфортабельно, но я люблю, когда меня окружают мои вещи. Мои фотографии, моя мебель... А потом пришла очень милая дама из совета, вот, от какого-то общества, и сказала мне, что есть другое место, где можно иметь свой дом, и можно взять с собой что нравится. И каждый день будет приходить помощница, смотреть, всё ли у меня в порядке... Ах, мне здесь очень хорошо. В самом деле. Со мною все мои вещи.

— Понемногу отовсюду, — сказала миссис Оливер, оглядывая комнату.

— Да, вот этот столик — медный — это от капитана Уилсона, он прислал мне его из Сингапура или откуда-то вроде того. А эта штучка — из Бенареса, тоже медная. Мило, правда? А это скарабей... кажется, так он называется. Ты знаешь. Звучит как какая-то чесотка, что-то скребущее, но это не так, нет, — это такой жук, и сделан он из камня. Говорят, что это драгоценный камень. Ярко-голубой. Какой-то ляпс.

— Ляпис-лазурь, — сказала миссис Оливер.

— Точно. Он и есть. Очень мило. Это мой мальчик-археолог ездит на раскопки. Он мне его и прислал.

— Все ваше милое прошлое...

— Да, все мои мальчики и девочки. Некоторые в младенчестве, других я нянчила с месяца, а были и постарше. Некоторые — это когда я ездила в Индию, а другие — когда я была в Сиаме. Да. Вот это мисс Мойя в придворном платье... Ах, она была такая хорошенькая! Развелась с двумя мужьями. Да. Не поладила с лордом, это был первый, а потом вышла за одного из этих поп-музыкантов, и, конечно, из этого не могло выйти ничего хорошего. А потом вышла за какого-то типа в Калифорнии. У них яхта, и они путешествовали, я думаю. Умерла два или три года назад, всего-то было шестьдесят два... Жаль умирать такой молодой.

— Да вы и сами много где побывали, да? — сказала миссис Оливер. — В Индии, в Гонконге, потом в Египте, в Южной Америке, верно?

— Да, много где была.

— Я помню, — сказала миссис Оливер, — когда была в Индии, вы работали в семье военного, не так ли? У какого-то генерала. Как же его... минутку, не могу вспомнить фамилию — кажется, генерал и леди Рейвенскрофт, правильно?

— Нет, нет, ты перепутала. Ты говоришь о том времени, когда я работала в семье Барнаби. Это верно. Ты приехала и остановилась у них. Помнишь? Ты совершала тур, да, приехала и остановилась у Барнаби. Ты была давней подругой хозяйки. Ее муж был судьей.

— Ах да! — сказала миссис Оливер. — Это трудновато. Все имена путаются.

— У них было двое милых детей, — продолжала миссис Мэтчем. — Разумеется, они ходили в школу в Англии. Мальчик — в Хэрроу, а девочка — в Роудин, кажется, так, и после я перешла в другую семью. Ах, нынче все меняется... Не так много требуется нянь, как раньше. А ведь раньше с нянями были трудности. Когда служила у Барнаби, я сдружилась с одной няней. О ком ты говорила? О Рейвенскрофтах? Да, я их помню. Да — забыла, как называлось место, где они жили. Недалеко от нас. Семьи были знакомы. О да, давно это было, но я все помню. Я все еще служила у Барнаби. И осталась там, когда дети пошли в школу, ухаживала за миссис Барнаби. Присматривала за ее вещами, чинила их и все такое... О да, я была там, когда случилось ужасное. Я говорю не про Барнаби, а про Рейвенскрофтов. Никогда этого не забуду. То есть как услышала об этом. Естественно, я сама была ни при чем, но это было ужасно, ужасно...

— Да уж, наверное, — сказала миссис Оливер.

— Это случилось после того, как ты уехала в Англию, гораздо позже. Они были хорошей парой. Очень хорошей, и это стало для них потрясением.

— Я теперь уже не помню, — сказала миссис Оливер.

— Я знаю. Люди забывают. Но не я. Говорят, она всегда была странной. Еще с детских лет. Был один случай. Она взяла малыша из коляски и бросила в реку. Говорили, что из ревности. А другие говорили — она хотела, чтобы малыш сразу попал на небеса.

— Вы говорите о леди Рейвенскрофт?

— Нет, конечно, не о ней. Ах, ты не помнишь, как я... Это была сестра.

— Ее сестра?

— Не помню, ее или его. Говорили, что она долгое время лечилась в психиатрической больнице. С одиннадцати или двенадцати лет. Ее держали там, а потом сказали, что она выздоровела, и выпустили. И она вышла за какого-то военного. А потом случилась беда. Потом, кажется, говорили, что ее опять туда упекли, в психушку. Там с больными хорошо обращаются. У них там уход, хорошие помещения, все такое... И они ходили, навещали ее... то есть генерал и его жена. Детей, наверное, воспитывал кто-то другой. Однако потом сказали, что она под конец поправилась и вернулась к своему мужу. А потом он умер, или что-то там с ним случилось... Кажется, давление или что-то с сердцем. В общем, она была очень расстроена и осталась жить у своего брата или сестры — чья она сестра-то была? — и как будто была вполне счастлива, и все такое, и очень привязалась к их детям. Мальчик был, кажется, уже большой. Учился в школе. В тот день она играла с маленькой девочкой и еще одной маленькой девочкой... Ах, уже не помню подробностей. Давно это было. Об этом много судачили. Некоторые говорили, что это была вообще не она. Думали, что это сделала няня, но няня любила детей и очень, очень переживала. Она хотела забрать их из этого дома. Она говорила, что им там небезопасно, и все такое. Но, конечно, другие не верили, а потом случилось несчастье, и, наверное, это была она, как там ее звали — уже не могу вспомнить. В общем, так это было.

— А что случилось с этой сестрой — то ли генерала, то ли леди Рейвенскрофт?

— Ну, думаю, когда ее забрал доктор и поместил куда-то, в конце концов она уехала в Англию. Не знаю, в то же место, что раньше, или нет, но за ней там хорошо ухаживали. Думаю, у них было много денег. Много денег в семье мужа. Может быть, ее снова вылечили. Я уже много лет об этом не думала. До тех пор, пока ты не спросила меня про генерала и леди Рейвенскрофт. Интересно, где они теперь... Наверное, давно на пенсии.

— С ними вышла печальная история, — сказала миссис Оливер. — Возможно, вы читали про это в газетах.

— Читала что?

— Ну, они купили дом в Англии, а потом...

— А, теперь вспомнила. Помню, прочитала что-то в газете. Да, и подумала тогда, что знаю фамилию Рейвенскрофт, но не могла вспомнить откуда... Они упали со скалы, да? Что-то такое.

— Да, — сказала миссис Оливер, — что-то такое.

— А теперь послушай, дорогая; так приятно тебя видеть, и ты должна выпить у меня чашку чаю.

— Мне не нужно чаю, — запротестовала миссис Оливер. — Я в самом деле не хочу чаю.

— Ну конечно же, хочешь. Если не возражаешь, пойдем на кухню? Знаешь, я почти все время провожу там. Там проще разговаривать. Но я всегда принимаю посетителей здесь, потому что горжусь своими вещами. Горжусь вещами, горжусь всеми детьми и остальным.

— Наверное, люди вроде вас прожили замечательную жизнь среди детей, за которыми присматривали, — сказала миссис Оливер.

— Да. Я помню тебя маленькой девочкой, ты любила слушать истории, которые я рассказывала. Одна, помню, была про тигра, а одна про обезьян — обезьян на дереве...

— Да, я помню их. Это было давным-давно.

Ее мысли перенеслись в то время, когда она, шести- или семилетняя, шла в ботиночках на пуговицах по какой-то дороге в Англии, ботиночки немного жали, а она слушала историю про Индию или Египет от приставленной к ней няни. Этой няней и была миссис Мэтчем...

Следуя за хозяйкой, миссис Оливер осмотрела комнату. На фотографиях девочек, мальчиков-школьников и разных людей среднего возраста все в основном были в своих лучших нарядах; они присылали красивые рамки или другие штучки, потому что не забыли свою няню. Благодаря им, наверное, она и встретила старость в довольно комфортабельных условиях с денежным содержанием. Миссис Оливер вдруг захотелось расплакаться. Это было так на нее не похоже, что она усилием воли сумела удержаться. Они прошли на кухню, и там Ариадна вручила принесенный с собой подарок.

— Ах! Никак не ожидала. Банка чая «Топхол Тэтэмс», мой любимый! Надо же, ты запомнила! Я теперь его почти не пью. А это мое любимое печенье к чаю... Да, ты никогда ничего не забываешь. Как тебя называли те два мальчика, что приходили играть? Один звал тебя леди Слон, а другой — леди Лебедь. Тот, что звал тебя леди Слон, садился тебе на спину, а ты ходила по полу на четвереньках и как будто хоботом поднимала игрушки.

— Вы многое помните, няня, — сказала миссис Оливер.

— Ах, — ответила миссис Мэтчем, — слоны ничего не забывают. Это старая поговорка.

Глава 8

Миссис Оливер за работой

Ариадна вошла в здание аптеки «Уильямс и Барнет». В этом хорошо оборудованном заведении также продавалась различная косметика. Постояв у своеобразного подъемника с разными средствами от мозолей, она в нерешительности посмотрела на гору губок, задумчиво подошла к рецептурному столу, потом прошла мимо выставленных косметических средств от Элизабет Арден, Хелен Рубинштейн, «Макс Фактор» и других поставщиков жизненно важных для женщин средств.

Наконец, подойдя к довольно полной женщине лет тридцати пяти, миссис Оливер попросила определенную губную помаду и тут же удивленно вскрикнула:

— Как! Марлен... ведь вы Марлен?

— Вот не ожидала! Вы — миссис Оливер? Рада вас видеть. Как прекрасно! Девушки обрадуются, когда я скажу, что вы приходили сюда за покупками.

— Не надо им говорить, — сказала Ариадна.

— О, конечно, они начнут просить автограф!

— Я бы предпочла, чтобы не просили. А как вы поживаете, Марлен?

— О, неплохо, неплохо.

— Я не знала, работаете ли вы здесь еще.

— Ну, это место, пожалуй, не хуже других, и здесь, знаете, ко мне хорошо относятся. В прошлом году мне прибавили жалованье, и я теперь вроде как заведую косметическим отделом.

— А ваша матушка? Она здорова?

— О да. Мама поживает хорошо. Она будет рада услышать, что я вас видела. Вы, случайно, не остановились где-то здесь?

— На самом деле нет. Я просто проходила мимо. Заходила к одной старой подруге и подумала... — Она посмотрела на часы. — Марлен, ваша матушка сейчас дома? Я бы могла зайти к ней повидаться. Поболтать немного, прежде чем уехать назад.

— О, зайдите, зайдите! — сказала Марлен. — Она будет так рада! Жаль, что я не могу пойти с вами — на это не очень хорошо посмотрят... Я буду занята еще полтора часа.

— Ну, ладно, как-нибудь в другой раз. Что-то я не могу вспомнить — дом номер семнадцать, или он как-то называется?

— Он называется Лорел-Коттедж.

— Ну да, конечно же. Какая я глупая... Что ж, рада была увидеться.

Миссис Оливер поспешила к выходу, положив в сумочку еще один ненужный тюбик губной помады. Затем поехала на машине по главной улице Чиппинг-Бартрем, свернула, миновала гараж и больницу и двинулась по довольно узкой дороге с милыми маленькими домиками по обе стороны.

Поставив машину у Лорел-Коттедж, Ариадна поднялась на крыльцо. Дверь ей открыла энергичная седая женщина лет пятидесяти и мгновенно узнала ее:

— Это вы, миссис Оливер! Вот здорово! Сколько лет!..

— О, много, много.

— Ну, заходите, заходите. Могу я заварить вам чаю?

— Боюсь, не стоит, — сказала миссис Оливер. — Я попила чаю с одной подругой, и мне уже нужно возвращаться в Лондон. Так получилось, что я зашла в аптеку кое за чем и увидела там Марлен.

— Да, у нее там очень хорошая работа. Ее ценят. Говорят, она очень инициативная.

— Что ж, это очень хорошо... А как вы поживаете, миссис Бакл? Вы хорошо выглядите. Совсем не постарели с прошлой нашей встречи.

— Ну, я бы так не сказала... Волосы поседели, и я здорово похудела.

— Сегодня, похоже, день, когда я встречаю старых друзей, — сказала миссис Оливер, входя в маленькую тесноватую гостиную. — Не знаю, помните ли вы миссис Карстерс, миссис Джулию Карстерс...

— Ну конечно, помню. Да, припоминаю. Надеюсь, у нее все хорошо?

— Да, ничего. Мы говорили с ней о прежних днях. Дошли до той трагедии с Рейвенскрофтами. Я в то время была в Америке и многого не знала.

— О, я хорошо это помню.

— Вы работали у них в то время, верно?

— Да, я приходила к ним по утрам три раза в неделю. Они были очень милыми людьми. Знаете, настоящая военная семья старого образца.

— И такая трагедия случилась...

— Да, действительно.

— Вы в то время еще работали у них?

— Нет. На самом деле я отказалась от той работы. Ко мне приехала жить моя старая тетушка Эмма, а она была подслеповата и не совсем здорова, и у меня не хватало времени, чтобы ходить работать на других. Но до того я протрудилась на них месяц или два.

— И такая трагедия... — сказала миссис Оливер. — Насколько я понимаю, это сочли самоубийством по сговору.

— Я в это не верю, — сказала миссис Бакл. — Я уверена, они никогда не совершили бы самоубийство вместе. В подобном возрасте люди так не делают. К тому же они так хорошо жили вместе... Конечно, там они прожили недолго...

— Да, наверное, — сказала миссис Оливер. — Они жили где-то в Борнмуте, верно — когда сначала приехали в Англию?

— Да, но им показалось, что оттуда слишком далеко добираться до Лондона, и потому переехали в Чиппинг-Бартрем. У них был очень милый домик и хороший сад.

— Они были здоровы, когда вы работали у них?

— Ну, возраст сказывался, как и у большинства людей. У генерала были проблемы с сердцем, случился небольшой приступ... Что-то подобное, знаете ли. Оба принимали лекарства и иногда прихварывали.

— И миссис Рейвенскрофт?

— Ну, я думаю, она тосковала по той жизни, что вела за границей. У них было не много знакомых здесь, хотя они, конечно, знали много семей своего сословия. Но, наверное, это было не так, как в Индии и тех местах. Знаете, где у вас много слуг... Наверное, веселые компании и все такое...

— Вы думаете, она тосковала по веселым компаниям?

— Ну, точно я не знаю.

— Мне говорили, что она носила парик.

— О, у нее было несколько париков, — сказала миссис Бакл с легкой улыбкой. — Очень элегантные и очень дорогие. Знаете, время от времени она отсылала тот или иной обратно в Лондон, откуда их получала, там его подновляли для нее и присылали обратно. У нее были разные. Один — темно-рыжий, другой — с седыми завитушками по всей голове. Она в самом деле выглядела в нем очень мило. А еще два — ну, не такие привлекательные, но их можно было надеть в ветреную погоду или же на случай дождя. Она очень заботилась о своей внешности и тратила кучу денег на наряды.

— А как вы думаете, что стало причиной трагедии? — спросила миссис Оливер. — Видите ли, в то время я была в Америке и не видела никого из своих друзей, ничего не слышала, а знаете, люди не любят задавать вопросы или писать в письмах о таких вещах. Но, наверное, для такого имелась какая-то причина... Насколько я знаю, фигурировал собственный револьвер генерала Рейвенскрофта.

— Да, один из двух, что он держал дома. Генерал говорил, что без револьвера даже дома не чувствует себя в безопасности. Может быть, он и был прав. Но, насколько я знаю, раньше у них никаких бед не случалось. Однажды к их двери подошел один мерзкий тип... мне его вид очень не понравился. Хотел видеть генерала. Говорил, что в молодости служил в его полку. Генерал задал ему несколько вопросов и, наверное, решил, что это неправда, — ну, подумал, что ему нельзя верить. И прогнал его.

— Так вы думаете, что обоих Рейвенскрофтов убил кто-то третий?

— Полагаю, такое могло быть, потому что ничего другого не могу придумать. Знаете, мне совсем не понравился человек, который пришел к ним и стал работать садовником. У него была не очень хорошая репутация, и, я слышала, он отсидел несколько сроков в тюрьме. Но генерал навел справки и решил дать ему шанс.

— Так вы думаете, их мог убить садовник?

— Ну, я... Я всегда так полагала. Впрочем, могу и ошибаться. Но мне не кажется... То есть некоторые рассказывают какие-то скандальные истории и все такое про него или про нее — то ли он убил ее, то ли она его... Это все ерунда. Нет, был кто-то третий. Один из тех людей, которые... Тогда было не так плохо, как теперь, потому что, вы, наверное, помните, тогда людей еще не стали одолевать всякие безумные идеи. Посмотрите, что теперь пишут каждый день газеты. Молодые люди, практически еще мальчишки, накачались наркотиками, взбесились и пошли стрелять, убили много людей просто ни за что. Попросили девушку в пабе выпить с ними, а на следующий день в канаве нашли ее труп. Крадут детей из колясок. Пригласят девушку на танцы, а по пути назад зарежут или задушат... Теперь такое ощущение, что любой может совершить что угодно. И вот такая милая пара, генерал с женой, пошли вечером мирно прогуляться, и их нашли с простреленными головами...

— С простреленными головами?

— Ну, я уже точно не помню и, конечно, сама не видела. Но все равно, пошли прогуляться, как часто делали...

— И они не ссорились?

— Ну, иногда бывали размолвки, но у кого их не бывает?

— Никакого любовника или любовницы?

— Ну, если вы можете употреблять такое слово для людей их возраста, — да, ходили такие разговоры... но это тоже ерунда. Ничего такого не было. Люди всегда хотят придумать что-то этакое...

— Может быть, кто-то из них заболел?

— Леди Рейвенскрофт пару раз ездила в Лондон проконсультироваться с доктором о чем-то и даже, кажется, собиралась лечь в больницу на какую-то операцию, но мне точно не говорила, из-за чего. Однако, я думаю, ей удалось вылечиться. Она немножко пролежала в больнице. Кажется, никакой операции не было. А когда вернулась, то выглядела помолодевшей. Хотя она очень ухаживала за своим лицом и, знаете, в этом парике с завитушками выглядела очень хорошенькой. Как будто купила новую жизнь.

— А генерал Рейвенскрофт?

— Он был очень порядочный джентльмен, и я никогда не слышала и не знала о каких-либо скандалах насчет него; не думаю, что таковые были. Люди всякое говорят, но им всегда хочется сказать что-то относительно любой трагедии... Мне кажется, в Индии он получил удар по голове, что-то в этом роде... У меня был дядя или двоюродный дед, который однажды упал с лошади. Ударился о пушку или обо что-то такое и потом стал очень странным. Шесть месяцев был вроде ничего, а потом его поместили в психушку, потому что он все время хотел убить жену. Говорил, что она преследует его, следит за ним, что она иностранная шпионка... Просто слов нет, что случается или может случиться в семьях.

— И все же вы не думаете, что есть доля правды в некоторых историях, которые я случайно слышала? Якобы между генералом и его женой существовала какая-то неприязнь и один из них застрелил другого, а потом себя?

— О нет, не думаю.

— А дети в то время были дома?

— Нет. Мисс... Как ее зовут? Рози? Нет. Пенелопа?

— Селия, — подсказала миссис Оливер. — Она — моя крестница.

— О, конечно, Селия. Да, теперь я вспомнила. Я помню, вы как-то приходили и забирали ее. Она была очень бойкая девочка, в некотором смысле несдержанная, но очень любила отца и мать. Нет, когда это случилось, она училась в школе в Швейцарии. И я рада, потому что будь она тогда дома и увидь их, это было бы для нее страшным потрясением.

— А был еще мальчик, не так ли?

— О да. Мастер[1] Эдвард. Кажется, генерал немного беспокоился о нем. Тот как будто недолюбливал отца.

— О, в этом ничего особенного. Все мальчишки проходят через эту стадию. А к матери он был привязан?

— Ну, мне казалось, она хлопотала над ним немного чересчур, и его это раздражало. Знаете, они не любят, когда матери слишком пристают — говорят, что надо надеть теплую куртку и еще один свитер... А отцу не нравилась его прическа. Она была... ну, тогда прически были еще не такие, как сейчас, но уже начиналось... вы понимаете.

— Но мальчика не было дома в день трагедии?

— Нет.

---

[1] Мастер — традиционное именование ребенка до его совершеннолетия в порядочных английских семьях.

— Наверное, это стало для него потрясением?

— Ну, наверное. Конечно, с тех пор я больше в тот дом не приходила, поэтому мало что слышала. Если хотите знать, мне не нравился садовник. Как же его звали?.. Кажется, Фред. Фред Уизелл. Что-то в этом роде. Мне кажется, если он... ну, где-то немного смошенничал или что-то такое и генерал его на этом поймал и собирался прогнать, я бы могла от него всего ожидать.

— Он бы мог застрелить генерала и его жену?

— Ну, мне кажется, скорее всего он убил бы только генерала. Но если он хотел убить генерала, а с тем была жена, то ему пришлось бы убить и ее. Вы, наверное, читали такое в книгах.

— Да, — задумчиво проговорила миссис Оливер, — в книгах чего только не прочитаешь.

— И был еще воспитатель... Я не очень его любила.

— Какой воспитатель?

— Ну, раньше был воспитатель для мальчика. Знаете, тот не мог сдать экзамен в начальной школе, и ему наняли воспитателя. Он прослужил там, наверное, около года. Мистер Эдмундс, кажется, так. Довольно жеманный молодой человек, подумала я тогда, и, по-моему, генерал Рейвенскрофт не обращал на него внимания.

— А миссис Рейвенскрофт обращала?

— Да, похоже, у них было много общего. И, кажется, это она его выбрала, а не генерал. У него, знаете, были очень хорошие манеры, он так вежливо со всеми говорил, и все такое...

— А мальчик... как его звали?..

— Эдвард? О да, он любил его. Чуть ли не поклонялся ему, как герою. Как бы то ни было, не верьте историям о семейных скандалах, или о ее романе с кем-то, или об интрижке генерала Рейвенскрофта с той тупой круглолицей девицей, которая выполняла для него канцелярскую работу, и все в таком духе. Нет. Кто бы ни был тот злодей-убийца, он пришел откуда-то со стороны. Полиция так никого и не нашла — никакой машины поблизости, ничего такого, — и не продвинулась ни на шаг. И все же, я думаю, нужно было искать кого-то, кто мог знать их в Малайе, или вообще за границей, или где-то еще, или даже когда они жили в Борнмуте. Никогда не знаешь наверняка...

— А что подумал об этом ваш муж? — спросила миссис Оливер. — Он не знал их так хорошо, как вы, конечно, но мог много чего слышать.

— Он, разумеется, слышал много разговоров. В пабе «Джордж и Флаг» по вечерам. Люди всякое говорят. Рассказывали, как она напивалась, и из дому выносили пустые бутылки ящиками. Совершенная ложь, уж я-то знаю. А еще к ним иногда приезжал племянник. У него были неприятности с полицией, но не думаю, что в этом было что-то серьезное. И полиция тоже так не думала. Да и все равно, это было в другое время.

— То есть в то время в доме никто не жил, кроме генерала и леди Рейвенскрофт?

— Ну, иногда к ней, к леди Рейвенскрофт, приезжала сестра. Кажется, это была сводная сестра. Что-то вроде этого. Она имела некоторое сходство с леди Рейвенскрофт, но, я бы сказала, не такая симпатичная и старше на год или два. Она, когда приезжала, вызывала в семье небольшой разлад, так мне всегда казалось. Она была из тех, кто любит разжигать склоки, знаете ли. Просто болтала всякое, чтобы раздражать других.

— А леди Рейвенскрофт любила ее?

— Ну, по-моему, на самом деле нет. Я думаю, эта сестра была несколько навязчива, и леди Рейвенскрофт иногда тяготилась ею. А генерал ее любил, потому что она хорошо играла в карты. И играла с ним в шахматы, и ему это нравилось. Она была в своем роде занятной женщиной. Ее звали миссис Джеррибой или как-то так. Она, кажется, была вдова. И часто занимала у них деньги.

— А вам она нравилась?

— Ну, если не возражаете, то нет, мэм, мне она не нравилась. Совсем не нравилась. Я считала, что она из этих нарушителей спокойствия. Но она не появлялась какое-то время перед трагедией. Точно не помню, что она собой представляла. У нее был сын, который пару раз с ней приезжал. Его я тоже не любила. Такой себе на уме...

— Ну, — сказала миссис Оливер, — наверное, никто никогда не узнает правду. Во всяком случае, сейчас, когда прошло столько времени. На днях я виделась с моей крестницей...

— Вот как, мэм? Было бы интересно услышать что-нибудь о мисс Селии. Как она? У нее все хорошо?

— Да, кажется, все хорошо. Похоже, она подумывает выйти замуж. Во всяком случае, у нее есть...

— Постоянный молодой человек? — спросила миссис Бакл. — Ах, у всех нас бывали. Но мы не выходили за первого же. В девяти случаях из десяти лучше не выходить.

— А вы случайно не знакомы с миссис Бёртон-Кокс? — спросила миссис Оливер.

— Бёртон-Кокс? Кажется, мне знакомо это имя... Нет, не думаю. Она не жила здесь, или не приезжала к ним, или что-нибудь такое?.. Нет, не помню. И все же я где-то о ней слышала. Наверное, давняя подруга генерала Рейвенскрофта, с которой он познакомился в Индии. Но я ее не знаю. — Она покачала головой.

— Что ж, — сказала миссис Оливер, — больше не могу продолжать беседу, мне пора. Была рада увидеться с вами и Марлен.

Глава 9

Результаты поисков слонов

— Вам звонили, — сказал Джордж, слуга Пуаро. — Миссис Оливер.

— Ах да... И что она хотела сказать?

— Она интересовалась, нельзя ли ей зайти к вам сегодня вечером после ужина.

— Это было бы восхитительно. Восхитительно. У меня был утомительный день. Встреча с миссис Оливер стала бы стимулирующим фактором. Она всегда занимательна, и никогда не знаешь, что она скажет... Кстати, она не упоминала про слонов?

— Про слонов, сэр? Нет, кажется, нет.

— Ага. Значит, наверное, слоны ее разочаровали.

Джордж с некоторым сомнением посмотрел на хозяина. Временами он плохо понимал, о чем тот говорит.

— Позвоните ей, — сказал Эркюль Пуаро, — и скажите, что я буду счастлив ее принять.

Джордж отправился выполнять указание и, вернувшись, сообщил, что миссис Оливер будет примерно без четверти девять.

— Кофе, — сказал Пуаро. — Пусть будет кофе и птифуры. Кажется, я заказывал их недавно в кондитерской «Фортнум и Мейсон».

— Какой-нибудь ликер, сэр?

— Нет, пожалуй, не надо. Сам бы я предпочел *Sirop de Cassis*.

— Да, сэр.

Миссис Оливер прибыла точно вовремя. Пуаро поприветствовал ее со всеми признаками удовольствия.

— Как вы себя чувствуете, *chère madame*?

— Я в изнеможении, — сказала миссис Оливер, опускаясь в кресло, которое предложил ей Пуаро. — В полном изнеможении.

— Ага. *Qui va à la chasse*... О, не могу вспомнить поговорку.

— Я помню, — сказала Ариадна. — Учила ее в школе. *Qui va à la chasse perd sa place*[1].

— Я уверен, это не относится к охоте, на которую вы ходили. Я говорю про охоту на слонов, если это не просто фигура речи.

— Вовсе нет, — сказала миссис Оливер. — Я сломя голову гонялась за слонами. Здесь, там и повсюду. Сколько бензина я израсходовала, во скольких поездах наездилась, сколько писем написала, сколько телеграмм вам

---

[1] Дословно: «Кто идет на охоту, теряет свое место» (*фр.*).

послала — вы не поверите, как это утомительно.

— Тогда отдыхайте. Выпейте кофе.

— Хорошего, крепкого черного кофе — да, выпью. Это именно то, что мне нужно.

— Могу я спросить, есть ли какие-нибудь результаты?

— Результатов — куча. Беда в том, что не пойму, есть ли от них какая-либо польза.

— Однако вы обнаружили какие-нибудь факты?

— Нет. На самом деле — нет. Мне говорили, что это факты, но сама я сильно сомневаюсь, есть ли они среди всего этого мусора.

— Непроверенные слухи?

— Нет, как раз то, чего я и ожидала. Воспоминания. Множество людей с воспоминаниями. Беда в том, что, когда что-то запоминаешь, не всегда делаешь это правильно, не так ли?

— Да. И тем не менее, это можно определить как результат. Разве нет?

— А вы чего добились? — спросила миссис Оливер.

— Вы всегда так строги, мадам... Требуете, чтобы я тоже бегал туда-сюда, чтобы тоже что-то делал...

— Ну, и вы побегали?

— Я не бегал, но провел консультацию с людьми моей профессии.

— Это, похоже, гораздо более спокойное занятие, — сказала миссис Оливер. — О, кофе прекрасный. Действительно крепкий. Вы не поверите, как я устала... И как у меня все перепуталось в голове.

— Ну, ну, будем предполагать лучшее. У вас что-то есть. Думаю, вы что-то разузнали.

— Множество различных историй и предположений на их основе. Не знаю, есть ли в них правда.

— Даже если нет правды, они могут принести пользу.

— Да, я понимаю, что вы хотите сказать. Я тоже так думаю. То есть думала так, когда собирала их. Когда люди что-то вспоминают, это не совсем то, что действительно имело место, а скорее то, что, как им кажется, было на самом деле.

— Но они должны были сказать что-то, на что можно опереться.

— Я принесла вам своего рода список. Не буду входить в детали, куда я ездила, что говорила и почему. Я целенаправленно искала... ну, информацию, которую, возможно, уже не получить ни от кого в этой стране. Но она исходит от людей, которые что-то знают про Рейвенскрофтов, даже если не были с ними хорошо знакомы.

— Вы имеете в виду известия из других стран?

— Очень многие — из других стран. От других людей, которые знали их очень поверхностно, или от людей, чьи тетушки, или кузины, или подруги знали их давно.

— И все, что вы записали, содержит истории, которые имеют отношение к той трагедии или вовлеченным в нее людям?

— В этом-то и суть, — сказала миссис Оливер. — Я расскажу вам вкратце. Рассказать?

— Да. Возьмите птифур.

— Спасибо.

Ариадна выбрала самый сладкий, яркого нездорового цвета, и энергично им хрумкнула.

— Сладкое действительно придает энергии, я всегда так думала... Ну, а теперь о предположениях. То, что мне говорили, обычно начиналось со слов: «О да, конечно!», «Как это печально, вся эта история!», «Конечно, я думаю, все знают, что случилось на самом деле» — и все такое.

— Да.

— Эти люди думали, что знают, *что* случилось. Но на самом деле у них не было для этого никаких оснований. Просто кто-то сказал им нечто, или они слышали что-то от друзей, слуг или родственников или кого-то еще. Конечно, это можно назвать предположениями. Вот первое из них. Генерал Рейвенскрофт писал мемуары про свои дни в Индии; в качестве секретаря у него работала молодая женщина, печатала под его диктовку, помогала ему; она была привлекательна, и, несомненно, во всем этом что-то было. Результат: здесь, кажется, есть два направления для раздумий. Одно из них таково: он застрелил свою жену, потому что надеялся жениться на той девушке, а потом, когда застрелил ее, его вдруг обуял ужас, и он застрелился сам...

— Точно, — сказал Пуаро. — Это романтическое объяснение.

— Второе предположение. Был репетитор, молодой человек приятной наружности, дававший уроки сыну — ибо последний болел и в течение шести месяцев не ходил в школу.

— Да. И жена влюбилась в этого молодого человека. Возможно, у них был роман...

— Таково это предположение, — сказала миссис Оливер. — Никаких свидетельств. Просто еще один романтический путь.

— И что дальше?

— Дальше, я думаю, идея в том, что генерал застрелил свою жену, а потом от угрызений совести застрелился сам. И еще была история, будто у генерала был роман, жена узнала об этом, застрелила его, а потом застрелилась сама. Везде лишь небольшие различия. Но на самом деле никто ничего точно не знает. То есть под каждым из этих предположений — относительно вероятная история. То есть генерал мог иметь роман с девушкой, или со многими девушками, или с другой замужней женщиной, или жена могла иметь с кем-то роман. В каждой рассказанной истории они просто менялись местами. Ничего определенного, никаких свидетельств. Только слухи, ходившие двенадцать или тринадцать лет назад, которые сейчас уже изрядно забылись. Но люди помнят достаточно, чтобы назвать имена и рассказать лишь с небольшими искажениями о том, что случилось. Что в тех краях жил злой садовник, была повариха-экономка, глуховатая и подслеповатая, но никто не подозревает, что она была как-либо причастна к трагедии. И так далее. Я записала все имена и возможности. Некоторые имена не соответствуют действительности, некоторые верны. Все это очень сложно. Жена генерала, похоже, заболела на короткое время; думаю, у нее была какая-то лихорадка. Наверное, при этом выпало много волос, раз она покупала парики. Среди ее вещей нашли по меньшей мере четыре парика.

— Да, я тоже об этом слышал, — сказал Пуаро.

— От кого?

— От одного друга в полиции. — Он достал отчеты о расследовании со списком найденных в доме вещей. — Четыре парика! Мне хотелось бы узнать ваше мнение об этом, мадам. Вам не кажется, что четыре парика — это многовато?

— Ну, да, в самом деле, — сказала миссис Оливер. — У моей тетушки был парик, и она имела еще один, но один она носила, пока подновлялся второй. Никогда не слышала, чтобы у кого-то было четыре парика сразу.

Она достала из сумочки записную книжку и полистала страницы, ища записи.

— Миссис Карстерс, ей семьдесят семь, и она уже не очень хорошо соображает. Цитирую: «Я помню Рейвенскрофтов довольно хорошо. Да, да, очень милая пара. Это очень печально. Это был рак!» Я тогда спросила, у кого из двоих был рак, но это миссис Карстерс забыла. Сказала, что вроде бы жена ездила в Лондон консультироваться с доктором и перенесла операцию, а потом вернулась домой в довольно жалком виде, и муж очень беспокоился о ней. Так что, конечно, это он застрелил ее и себя.

— Это ее предположение или она имела какие-то точные сведения?

— Я думаю, чистое предположение. Судя по тому, что я видела и слышала во время своего расследования, — сказала миссис Оливер, сделав некоторое ударение на последнем слове, — когда кто-либо слышит, что кто-то из их не очень близких друзей вдруг заболевает и консультируется с доктором, то все непременно начинают думать про рак. Генерал, дескать, был очень несчастен, и жена тоже, и они говорили об этом между собой, и эта мысль была для них невыносима, потому они решили покончить с собой.

— Печально и романтично, — сказал Пуаро.

— Да. И не думаю, что так оно и было. Это беспокоит, не так ли? То есть что люди так много якобы помнят, и по большей части кажется, что они сами все придумывают.

— Они придумывают объяснение того, что знают, — сказал Пуаро. — То есть они знают, что некто ездил в Лондон, скажем, на консультацию к доктору или что кто-то месяца два или три пролежал в больнице. Это факты, которыми они располагают.

— Да, — согласилась миссис Оливер, — а потом, когда они начинают много лет спустя говорить об этом, у них уже есть объяснение, которое они сами придумали. Это не очень-то помогает, верно?

— Это помогает, — сказал Пуаро. — Знаете, вы совершенно правы в том, что сказали.

— О слонах? — с некоторым сомнением спросила Ариадна.

— О слонах, — подтвердил Пуаро. — Важно знать определенные факты, которые задержались в памяти людей, хотя они точно не знают, каковы эти факты, почему это случилось или что к этому привело. Но они могут легко узнать что-то, чего не знаем мы — и не имеем возможности узнать. Поэтому были воспоминания, приведшие к предположениям — неверность, болезнь, договор о самоубийстве, ревность. Все это вам внушали. В отношении некоторых пунктов — если покажется, что они правдоподобны, — можно провести дальнейшие исследования.

— Люди любят говорить о прошлом, — сказала миссис Оливер. — Они действительно любят говорить о прошлом гораздо больше, чем о том, что происходит сейчас или произошло в прошлом году. Это возвращает их к прежней жизни. Конечно, сначала они рассказывают тебе о многих людях, о которых тебе неинтересно слышать, а потом вспоминают о ком-то еще, кого они не знали, но о ком слышали. Так что генерал и леди Рейвенскрофт, о которых вы хотите услышать, вдруг как бы исчезают. Это напоминает семейные отношения. Знаете, сначала отдаляется двоюродный брат, потом троюродная сестра, потом все остальные... Впрочем, не думаю, что нам это поможет.

— Не нужно об этом думать, — сказал Пуаро. — Я в достаточной степени уверен: когда-нибудь вы обнаружите, что эти записи в вашей хорошенькой пурпурной записной книжке имеют отношение к той давней трагедии. Могу сказать вам по собственным поискам в официальных отчетах об этих двух смертях, что они так и остались таинственными. То есть с точки зрения полиции. Эти двое любили друг друга, не было никаких слухов или сплетен о каких-то их сексуальных трудностях, не было обнаружено никакой болезни, которая могла бы привести к самоубийству. Но я говорю только о времени, непосредственно предшествующем трагедии. Однако было время и до того, задолго до того...

— Я понимаю, что вы хотите сказать, — сказала миссис Оливер, — и слышала кое-что об этом от своей старой няни, которой уже... не знаю, может быть, сто лет, но я думаю, всего восемьдесят. Я помню ее с детства. Тогда она была еще молода. Няня рассказывала мне о людях, у которых служила за границей — в Индии, Египте, Сиаме, Гонконге и прочих странах.

— И вас что-то заинтересовало?

— Да, она рассказала об одной трагедии и как будто не знала, что же произошло на самом деле. Я не уверена, что это имеет какое-то отношение к Рейвенскрофтам, это могло касаться каких-то других людей, потому что она не очень хорошо помнит фамилии и все такое. В одной семье было психическое заболевание; это была то ли сестра генерала, то ли сестра его жены. Она несколько лет провела в психиатрической лечебнице. Насколько я поняла, давным-давно она убила своих детей или пыталась их убить, а потом ее предположительно вылечили и условно выпустили, или что-то вроде этого, и она уехала в Египет, или в Индию, или еще куда-то. И жила у родственников. А потом, кажется, случилась другая трагедия, похоже, снова связанная с детьми... что-то в этом роде. В общем, дело замяли. Но я заинтересовалась. То есть не было ли каких-то психических проблем в семье леди Рейвенскрофт или генерала Рейвенскрофта? Необязательно у близкого родственника вроде сестры; это мог быть двоюродный или троюродный брат... Что показалось мне возможным направлением расследования.

— Да, — согласился Пуаро, — всегда есть возможность, что нечто ждет много лет, а потом обрушивается на тебя из прошлого. Кто-то сказал мне: *у старых грехов длинные тени*.

— Мне показалось... — начала миссис Оливер. — Не то чтобы это было вероятно, или что старая няня Мэтчем запомнила все правильно, или что это в самом деле случилось с теми людьми, о ком она подумала. Но это могло бы вписаться в то, что мне сказала та ужасная женщина на литературном ленче.

— Вы хотите сказать, когда она спросила...

— Да, когда она попросила узнать у крестницы, кто кого убил: мать отца или отец мать.

— Она думала, что дочь может знать это?

— Ну, такое вполне возможно. То есть не в то время — ее, наверное, оградили от этого, —

но Селия могла узнать все потом, узнать обстоятельства их жизни и кто кого убил, хотя она никогда об этом не упоминала и ничего об этом никому не говорила.

— И вы говорите, что эта женщина, эта миссис...

— Да. Не помню ее фамилии. Что-то вроде Бёртон. Она говорила, что у ее сына есть подруга, и они думают пожениться. И я вполне понимаю, что ее могло заинтересовать, не было ли у матери невесты или ее отца криминального прошлого — или психических заболеваний. Она, наверное, подумала, что если мать убила отца, то со стороны ее сына будет неблагоразумно жениться на Селии, а если отец убил мать, то это не так важно.

— То есть она могла считать, что наследственность передается по женской линии?

— Ну, она не кажется очень умной женщиной, — сказала миссис Оливер. — Любит покомандовать. Думает, что много знает. Наверное, и вам так показалось бы, будь вы женщиной.

— Интересная точка зрения, но возможно и такое, — признал Пуаро и вздохнул. — Да, я понял. Нам еще многое нужно сделать.

— Я также посмотрела на вещи в другом свете. То же самое, но через вторые руки, если вы понимаете, о чем я. Вы понимаете. Один говорит: «Рейвенскрофты? Это та пара, что усыновила ребенка? А потом, когда все было готово и они привязались к нему — я думаю, очень, очень привязались, учитывая, что их собственный ребенок умер в Индии, — когда они при всех обстоятельствах усыновили этого ребенка, вернулась его настоящая мать, и был судебный процесс или нечто такое. Но суд отдал опеку над ребенком им, и мать попыталась его похитить».

— Есть более простое объяснение, — сказал Пуаро, — вытекающее из ваших сообщений, и я предпочитаю его.

— Например?

— Парики. Четыре парика.

— Ну, мне показалось, что они вас заинтересовали, но я не поняла почему. Мне это не кажется значительным, — сказала миссис Оливер. — Последняя версия была связана с психическим заболеванием. Бывают люди с психическим расстройством, живущие дома или в психушке, потому что убили своего или чужого ребенка по какой-то совершенно безумной, бессмысленной причине. Я не вижу, как это могло привести к тому, что генерал и леди Рейвенскрофт решили лишить себя жизни.

— Если только один из них не был в этом замешан, — сказал Пуаро.

— Вы хотите сказать, что генерал Рейвенскрофт мог убить кого-то, мальчика — возможно, незаконнорожденного сына жены или собственного?.. Нет, мне кажется, это слишком смахивает на какую-то мелодраму. Или она могла убить ребенка мужа или собственного...

— И все же, — возразил бельгиец, — обычно люди таковы, какими кажутся.

— То есть?..

— Они были любящей парой — парой, которая жила счастливо, без всяких размолвок. Похоже, ни у кого из них не было зафиксировано никакой болезни, если не считать намеков на какую-то операцию, на то, что кто-то ездил в Лондон на консультацию к некоему медицинскому авторитету, намеков на возможный рак, или лейкемию, или еще на что-то, что сулило невыносимое будущее. И все же мы, кажется, не добрались ни до чего большего, чем обычные возможности, и не нашли ничего, что можно было бы назвать вероятным. Жил ли в доме в то время кто-то еще? Полиция, то есть мои друзья, которые проводили расследование в то время, говорят, что нет, и это сочетается с фактами, которые я считаю в самом деле таковыми. Но по какой-то причине те двое не хотели продолжать жить. *Почему?*

— Я знала одну пару, — сказал миссис Оливер, — во время войны — то есть Второй мировой войны, — так вот, они думали, что немцы высадятся в Англии, и решили, если это случится, покончить с собой. Я им говорила, что это очень глупо, а они говорили, что после этого жить будет невозможно. Мне по-прежнему кажется, что это глупо. Нужно иметь мужество пережить беду. Ну, конечно, это не так, если твоя смерть принесет пользу кому-то другому. Я вот думаю...

— Да? Что вы думаете?

— Ну, я вдруг подумала: а что, если смерть генерала и леди Рейвенскрофт принесла кому-то пользу?

— Вы хотите сказать, кто-то унаследовал их деньги?

— Да. Но не так вульгарно. Возможно, кто-то получил шанс преуспеть. В их жизни было нечто такое, до чего они не хотели допускать своих детей.

Пуаро вздохнул:

— Беда в том, что вы слишком часто думаете о том, что могло случиться. Вы подаете мне идеи, возможности того, что *могло* быть. Но вот если б вы говорили мне о *вероятностях*... Почему? Почему смерть этих двоих была необходима? Не было никаких страданий, они не болели и, по всей видимости, не были несчастны. И потом, почему прекрасным вечером они пошли гулять на скалу и взяли с собой собаку...

— Какое отношение имеет к этому собака?

— Ну, я просто на мгновение задумался. Они взяли с собой собаку или собака просто увязалась за ними? Какую роль тут играла собака?

— Наверное, такую же, как и парики, — предположила миссис Оливер. — Просто еще одна вещь, которую не объяснить и которая не имеет значения. Один из моих слонов сказал, что собака была очень привязана к леди Рейвенскрофт, а другой сообщил, что собака кусала ее.

— Мы всегда возвращаемся к одному и тому же, — сказал Пуаро. — Нужно больше знать. — Он вздохнул. — Нужно больше знать о тех людях, а как узнаешь, когда они отделены от нас пропастью лет?

— Ну, вам удавалось это пару раз, не так ли? — сказала миссис Оливер. — Вы узнали что-то о том, где был застрелен или отравлен художник. Это было у моря на крепостной стене или что-то вроде того. Вы выяснили, кто это сделал, хотя и не знали никого из тех людей.

— Да. Я не знал никого из них, но узнал о них от других, кто там был[1].

— Ну, вот это я и пытаюсь сделать, — сказала миссис Оливер. — Только не могу подобраться. Не могу найти кого-нибудь, кто действительно что-то знает, кто действительно касался этого. Неужели вы думаете, нам нужно отступиться?

---

[1] См. роман А. Кристи «Пять поросят».

— Думаю, это было бы очень разумно, — сказал Пуаро, — но бывают моменты, когда уже не хочется быть разумным. Хочется разузнать побольше. Меня уже заинтересовала эта милая пара с двумя симпатичными детьми... полагаю, дети в самом деле симпатичные?

— Мальчика я не знаю, — сказала миссис Оливер. — Думаю, никогда его не видела. Хотите увидеть мою крестницу? Я могла бы устроить вам встречу, если пожелаете.

— Да, думаю, что хочу как-нибудь с ней встретиться. Она может не захотеть прийти ко мне повидаться, но встречу можно назначить где-нибудь еще. Думаю, это может оказаться интересно. И я бы хотел повидать кое-кого еще.

— О! Кого же?

— Женщину с того ленча. Которая любит покомандовать. Вашу беспардонную подругу.

— Она мне не подруга. Она просто пришла и заговорила со мной, вот и всё.

— Вы бы могли нас познакомить?

— Да, запросто. Наверное, она ухватится за это.

— Я бы хотел ее увидеть. Интересно, почему она хочет узнать про ту пару.

— Да, я думаю, это может оказаться полезно. Во всяком случае, — вздохнула миссис Оливер, — я буду рада отдохнуть от слонов. Няня — ну, моя старая няня, о которой я рассказывала, — она тоже говорила про слонов, что те ничего не забывают. Эта фраза начинает меня преследовать. Ну а теперь вы должны разыскать новых слонов; теперь ваша очередь.

— А вы?

— Пожалуй, я поищу лебедей.

— *Mon dieu*[1], при чем тут лебеди?

— Я просто вспомнила, о чем мне напомнила няня. Что раньше я играла с маленькими мальчиками, один из которых звал меня леди Слон, а другой — леди Лебедь. Когда я была леди Лебедь, я изображала, будто плыву по полу. А когда была леди Слон, они ездили у меня на спине. В этом деле нет лебедей.

— И хорошо, — сказал Пуаро. — Нам вполне хватит слонов.

Глава 10

Десмонд

Прошло двенадцать дней. Эркюль Пуаро пил свой утренний горячий шоколад, читая письмо, которое пришло в это утро среди другой корреспонденции. Он перечитывал его уже второй раз. Почерк был не так плох, но вряд ли нес в себе отпечаток зрелости.

---

[1] Боже мой (*фр.*).

Дорогой месье Пуаро!

Боюсь, Вы найдете это мое письмо несколько странным, но, надеюсь, Вам будет понятнее, если я сошлюсь на кое-кого из Ваших друзей. Я пытался связаться с ней, чтобы спросить, не устроит ли она мне встречу с Вами, но, очевидно, она куда-то уехала. Ее секретарь — я имею в виду миссис Ариадну Оливер, писательницу, — ее секретарь, кажется, что-то сказала про ее поездку в Восточную Африку на сафари. Если так, я предвижу, что она вернется не скоро. Но я уверен, что она помогла бы мне. Мне действительно крайне нужно увидеться с Вами. Мне страшно нужен один совет. Миссис Оливер, насколько я понимаю, знакома с моей матерью, которая встречалась с ней на литературном ленче. Если Вы назначите мне время, когда я смогу посетить Вас, я был бы очень благодарен. Меня устроит любое время, которое Вы выберете. Не знаю, объяснит ли Вам это что-нибудь, но секретарь миссис Оливер упомянула слово «слоны». Я решил, что это имеет отношение к путешествию миссис Оливер в Восточную Африку. Секретарь произнесла это, как какой-то пароль. Я не совсем понял, но, может быть, Вы поймете. Я в очень большом беспокойстве и тревоге и буду очень благодарен, если смогу увидеться с Вами.

*Искренне Ваш,
Десмонд Бёртон-Кокс*

— *Nom d'un petit bonhomme!*[1] — сказал Эркюль Пуаро.

— Простите, сэр? — не понял Джордж.

— Просто восклицание, — сказал Эркюль Пуаро. — Бывают такие вещи, которые вдруг вторгнутся в твою жизнь, и потом от них трудно избавиться. Мне кажется, это к вопросу о слонах.

Он вышел из-за стола, вызвал свою верную секретаршу мисс Лемон, вручил ей письмо от Десмонда Бёртон-Кокса и дал указание устроить встречу с автором этого письма.

— В настоящее время я не очень занят. Завтра мне было бы очень удобно.

Мисс Лемон напомнила ему о двух уже назначенных встречах, но согласилась, что остается много свободного времени и что она устроит все, как он желает.

— Что-то связанное с зоопарками? — спросила она.

— Вряд ли, — ответил Пуаро. — Нет, не упоминайте слонов в вашем письме. Всему есть предел. Слоны — большие животные и занимают много места. Да. Мы можем пока оставить их в стороне. В нужное время они, несомненно, сами всплывут в разговоре с Десмондом Бёртон-Коксом.

---

[1] Совсем еще мальчишка! (*фр.*)

* * *

— Мистер Бёртон-Кокс, — объявил Джордж, вводя ожидаемого гостя.

Пуаро встал и подошел к камину. Какое-то время он стоял там, ничего не говоря, потом шагнул вперед, подведя итог своему впечатлению. Весьма нервная и энергичная личность. Держится довольно естественно, подумал он. Испытывает некоторую неловкость, но очень успешно это скрывает.

Протянув руку, гость сказал:

— Мистер Эркюль Пуаро?

— Именно так. А ваше имя — Десмонд Бёртон-Кокс. Прошу садиться, и расскажите мне, что я могу для вас сделать и почему вы решили нанести мне визит.

— Все это довольно трудно объяснить... — начал Десмонд.

— Сколь многое бывает труднообъяснимо, — ответил Пуаро. — Но у нас куча времени. Садитесь.

Бёртон-Кокс с некоторым сомнением посмотрел на фигуру перед собой. Действительно, комичная личность, подумал он. Голова, как яйцо, большие усы... Не очень импозантный человек. Сказать по правде, не совсем то, что он ожидал увидеть.

— Вы... Вы детектив, не так ли? — спросил Десмонд. — То есть вы занимаетесь расследованиями. Люди приходят к вам, чтобы выяснить что-то, или просят вас выяснить что-то для них...

— Да, — ответил Пуаро, — таковы мои задачи в жизни.

— Предполагаю, вы не знаете, зачем я пришел, и ничего не знаете обо мне.

— Кое-что знаю.

— Вы имеете в виду миссис Оливер, вашу знакомую? Она рассказала вам что-то?

— Она рассказала мне, что имела разговор со своей крестницей мисс Селией Рейвенскрофт. Таковой имел место, верно?

— Да, да, Селия говорила мне. А эта миссис Оливер, она... знает также мою мать? То есть хорошо ее знает?

— Нет, не думаю, что они знают друг друга хорошо. По словам миссис Оливер, они познакомились недавно на литературном ленче и имели небольшой разговор. Ваша мать, насколько я понимаю, кое о чем попросила миссис Оливер.

— Ей не следовало соваться, — сказал юноша.

Он сдвинул брови и теперь выглядел рассерженным, словно жаждал мщения.

— В самом деле. Я хочу сказать, матери...

— Понимаю, — сказал Пуаро. — В последнее время они слишком много переживают; впрочем, так было всегда. Матери постоянно делают что-то, чего, по мнению их детей, им лучше было бы не делать. Я прав?

— О, вы правы. Но моя мать... Она суется в дела, которые действительно ее не касаются.

— Насколько я понимаю, вы и Селия Рейвенскрофт — близкие друзья? Миссис Оливер поняла из слов вашей матери, что стоит вопрос о браке. Возможно, в скором будущем?

— Да, но моя мать действительно не должна приставать с вопросами и беспокоиться о том, что... ну, что не ее дело.

— Но матери все такие, — произнес Пуаро и еле заметно улыбнулся. — Наверное, вы очень привязаны к вашей матери?

— Я бы так не сказал, — ответил Десмонд. — Нет, определенно я бы так не сказал. Видите ли... Ну, лучше сказать вам сразу — на самом деле она мне не мать.

— Ах, вот как? Я не знал этого.

— Меня усыновили. У нее был сын. Он умер еще маленьким. А потом она захотела усыновить ребенка — и взяла меня, и воспитала, как сына. Она всегда называет меня сыном и думает обо мне как о своем сыне, но на самом деле я ей не сын. Мы совсем не похожи. И смотрим на все по-разному.

— Вполне понятно, — сказал Пуаро.

— Я, похоже, совсем не приблизился к тому, о чем пришел попросить вас.

— Вы хотели, чтобы я что-то сделал, разузнал что-то, провел какой-то опрос?

— Наверное, это как раз охватывает мою просьбу. Я не знаю, что вам известно... ну, какая стряслась беда.

— Я немножко знаю об этом, — сказал Пуаро, — но без подробностей. Мне мало что известно о вас и мисс Рейвенскрофт, с которой я еще не встречался — но хотел бы с ней встретиться.

— Да, я хотел привести ее поговорить с вами, но потом решил сначала прийти один.

— Что ж, это представляется вполне разумным. Вас что-то печалит? Беспокоит? У вас трудности?

— На самом деле нет. Нет, никаких трудностей быть не должно. И их нет. Все это случилось много лет назад, когда Селия была еще ребенком или, по крайней мере, ходила в школу. Произошла трагедия из тех, что случаются... ну, такое случается каждый день. Два человека, которых что-то очень тревожило, совершили самоубийство. Это было вроде самоубийства по сговору. Никто толком не знал, что, почему и все такое. Но, в конце концов, такое бывает, и на самом деле их детям не следует беспокоиться об этом. То есть, если им известны факты, этого достаточно. И это совершенно не касается моей матери.

— Путешествуя по жизни, — сказал Пуаро, — человек находит все больше и больше людей, интересующихся вещами, которые их не касаются; интересующихся ими даже больше, чем тем, что их действительно должно касаться.

— Но ведь все закончилось. Никто толком не знает всех подробностей и причин или вообще ничего не знает. Но, видите ли, моя мать любит приставать с вопросами... Ей хочется все знать, и вот она привязалась к Селии. Довела ее до того, что та уже не знает, хочет за меня замуж или нет.

— А вы? Вы знаете, хотите ли по-прежнему жениться на ней?

— Да, конечно, знаю. У меня твердое намерение жениться на ней. Но она в расстроенных чувствах. Хочет знать. Хочет знать, почему все это произошло, и думает, что моей матери что-то об этом известно — хотя я уверен, что она заблуждается. А она считает, что моя мать что-то слышала.

— Я очень вам сочувствую, — сказал Пуаро, — но мне кажется, вы здравомыслящий молодой человек, и, если хотите жениться, нет никакой причины, почему бы вам этого не сделать. Могу сказать, что мне кое-что сообщили по моему запросу об этой трагедии. Как вы говорите, это касается того, что случилось много лет назад. Этому нет удовлетворительного объяснения. И никогда не было. Но в жизни нельзя найти объяснение всем печальным событиям.

— Это было самоубийство по сговору, — сказал юноша. — Это не могло быть ничем другим. Однако...

— Вы хотите знать его причину, верно?

— Ну да. Это-то и тревожит Селию, и она чуть не заставила и меня волноваться. Моя мать определенно встревожилась, хотя, как я уже сказал, это совершенно ее не касается. Я не думаю, что тут можно кого-то винить. Я хочу сказать, что там не было ссоры или чего-то такого. Но беда, конечно, в том, что мы ничего не знаем. Ну, то есть я-то и не мог знать, потому что меня там не было.

— Вы раньше не знали генерала и леди Рейвенскрофт или же Селию?

— Я знал Селию более или менее всю свою жизнь. Видите ли, родственники, к которым я приезжал на каникулы, и ее родители жили рядом друг с другом, а мы были совсем молодыми. Знаете, просто детьми. И мы всегда нравились друг другу, дружили и все такое. А потом, конечно, это все на длительное время закончилось. Потом я не встречал Селию много лет. Ее родители, вы знаете, уехали в Малайю, и мои тоже. Наверное, они снова там повстречались. Кстати, мой отец умер. Но я думаю, когда моя мать была в Индии, она что-то слышала и теперь вспомнила это и насторожилась, и... В общем, она думает, что это может быть правдой. А я уверен, что это неправда. Но мать решила побеспокоить Селию. И я хочу узнать, что же там на самом деле произошло. И Селия хочет знать. В чем там было все дело. Как и почему все произошло.

— Да, — сказал Пуаро, — это вполне естественно, что у вас обоих такие чувства. И я представляю, что Селию это тревожит больше, чем вас. Но, если позволите, разве это так важно? Важно то, что происходит *сейчас*, — *настоящее*. Девушка, на которой вы хотите жениться, которая хочет выйти за вас замуж, — какое отношение имеет к этому прошлое? Разве это важно, совершили ли ее родители самоубийство, или погибли в авиакатастрофе, или один из них погиб в авиакатастрофе, а другой потом совершил самоубийство? Был ли у кого-то из них роман, который вмешался в их жизнь и привел к несчастью?

— Да, — согласился Десмонд, — да, я думаю, то, что вы говорите, вполне разумно, и вы совершенно правы, но... Так уж сложилось, что мне нужно позаботиться, чтобы Селия была удовлетворена. Она... Она такой человек, которого все волнует, но не говорит об этом.

— А вам не приходило в голову, — сказал Эркюль Пуаро, — что это может оказаться трудно, а то и невозможно — выяснить, что же на самом деле произошло?

— Вы имеете в виду, кто кого убил и почему и зачем после этого застрелился сам? Нет, если только... если только там не крылось *что-то такое*.

— Да, но если в прошлом что-то было, почему это должно иметь значение сейчас?

— Это не должно иметь значения — и не имело бы, если б не вмешалась моя мать и не стала ворошить былое. Тогда это было бы не важно. Я не предполагаю, что Селия раньше много задумывалась об этом. Когда случилась та трагедия, она училась в школе в Швейцарии, и никто ей ничего не рассказывал; да и потом, когда тебе двенадцать лет, ты просто воспринимаешь события как данность, но они тебя по-настоящему не затрагивают.

— Тогда не думаете ли вы, что хотите невозможного?

— Я хочу, чтобы вы все это выяснили, — сказал Десмонд. — Может быть, вы не можете или не хотите...

— Я не против это выяснить, — сказал Пуаро. — На самом деле, должен сказать, это определенно любопытно. Трагедии, все то, что касается печали, удивления, потрясения, заболевания, — это трагедии и судьбы людей; и лишь естественно, что человек хочет знать про них всё. Но я спрашиваю, стоит ли ворошить прошлое?

— Возможно, и не стоит, — сказал Десмонд, — но, видите ли...

— И еще, — перебил его Пуаро, — разве вы не согласны, что почти невозможно выяснить это через столько лет?

— Нет, — ответил Десмонд, — здесь я с вами *не согласен*. Я думаю, что это вполне возможно.

— Очень интересно. Почему же вы думаете, что это вполне возможно?

— Потому что...

— Почему? Продолжайте. Вы правы.

— Я думаю, есть люди, которые это знают. Которые могут рассказать вам об этом, если захотят. Возможно, они не захотят рассказать мне или Селии, но вам — другое дело.

— Это интересно, — заметил Пуаро.

— Что-то там было, — сказал Десмонд. — В прошлом что-то случилось. Я... я что-то смутно слышал об этом. Какое-то психическое заболевание. Кто-то... не знаю точно, кто именно — думаю, леди Рейвенскрофт; кажется, она провела несколько лет в психиатрической лечебнице... Довольно долгое время. Когда была еще совсем молодой, она пережила трагедию. В результате несчастного случая погиб какой-то ребенок... что-то такое... ну, она имела к этому какое-то отношение.

— Это вы разузнали не сами, я полагаю?

— Нет. Мне об этом рассказала моя мать. Она где-то об этом слышала. Думаю, в Индии. Среди людей ходили слухи... Вы знаете, семьи военных встречались там, и женщины сплетничали между собой, все мем-сахиб. Говорили всякое, в чем могло не быть ни капли правды.

— И вы хотите узнать, в чем была правда, а в чем нет?

— Да. Но сам я не знаю, как это сделать. Я имею в виду, теперь — ведь это случилось много лет назад, и я не знаю, кого спросить. Не знаю, к кому пойти. Но пока мы не выясним, что тогда случилось и почему...

— Вы хотите сказать — по крайней мере, мне кажется, что я прав, хотя это только моя догадка, — Селия Рейвенскрофт не хочет выходить за вас, пока не убедится, что не унаследовала, предположительно от матери, никакого психического заболевания? Так?

— Думаю, именно это каким-то образом пришло ей теперь в голову.

— Расследование будет нелегким, — сказал Пуаро.

— Да, но я кое-что слышал о вас. Говорят, вы очень искусны в раскапывании того, что случилось в прошлом. В задавании вопросов и получении ответов.

— Кому бы вы предложили задать вопросы? Когда вы говорили об Индии, мне кажется, вы не имели в виду людей индийской национальности. Вы говорите о тех, кого назвали мем-сахиб, о тех временах, когда в Индии существовали военные сообщества. Вы говорите об англичанах и сплетнях на английских военных базах.

— В действительности, я не имел в виду, что теперь из этого может выйти какой-то толк. Я думаю, те, кто распространял слухи, кто говорил... ну, это было давно, и они всё забыли, да и, вероятно, многие уже умерли. Думаю, моя мать собрала много недостоверных домыслов; наверное, она что-то слышала краем уха, а потом многое додумала сама.

— И вы по-прежнему думаете, что я способен...

— Нет, я не хочу, чтобы вы сейчас отправились в Индию и стали расспрашивать тамошних людей. Там, наверное, и людей-то тех уже нет.

— Значит, вы думаете, что не можете назвать мне имена?

— Да, нужных имён назвать не могу.

— А какие-нибудь?

— Ну, я объясню, что имел в виду. Думаю, есть два человека, которые могли знать, что произошло и почему. Потому что они были там. Они знали, действительно знали.

— А вы сами не хотите их спросить?

— Ну, я бы мог... Я даже спрашивал их... в некотором роде. Но не думаю, что они... Не знаю. Мне бы не хотелось расспрашивать их о том, что я хочу узнать. И не думаю, что Селии хотелось бы. Это очень хорошие люди, потому-то они и знают. Не потому что они гадкие сплетницы, а потому что могли бы помочь. Могли бы что-то сделать, чтобы исправить положение, или попытались исправить... Ой, я так путано излагаю!

— Нет, — возразил Пуаро, — вы говорите очень хорошо, вы меня заинтересовали, и думаю, у вас в голове сложилось что-то определенное. Скажите, Селия Рейвенскрофт согласна с вами?

— Я многого ей не говорил. Видите ли, она очень привязана к Мэдди и Зели.

— Мэдди и Зели?

— Ну, это их имена. Я должен объяснить. Я не очень ясно все рассказал. Видите ли, когда Селия была совсем ребенком — когда я впервые ее узнал, как я сказал, когда мы жили по соседству в деревне, — у нее была француженка-наставница, так сказать; тогда это называлось гувернантка. В общем, француженка-гувернантка. Мадемуазель. И она была очень милой. Играла с нами, и Селия всегда звала ее Мэдди.

— Ах да. От «мадемуазель».

— Да, вы же француз, я и подумал... Я подумал, может быть, она расскажет вам, что знает, а с другими говорить не захочет.

— Ага. А какое второе имя вы назвали?

— Зели. Тоже такая же. Мадемуазель. Мэдди пробыла там, я думаю, примерно два или три года, а потом вернулась во Францию или, наверное, в Швейцарию, и на ее место пришла другая. Моложе, чем Мэдди, и мы не звали ее Мэдди. Селия звала ее Зели. Вся семья звала ее так. Она была очень молодая, хорошенькая и очень забавная. Мы все страшно ее полюбили. Она играла с нами, и мы были от нее без ума. Как и вся семья. И генерал Рейвенскрофт был очень ею увлечен. Они играли в пикет и прочее.

— А леди Рейвенскрофт?

— О, она тоже привязалась к Зели, а Зели — к ней. Вот почему она вернулась после того, как ушла.

— Вернулась?

— Да. Когда леди Рейвенскрофт заболела и побывала в больнице, Зели вернулась и была рядом, ухаживала за нею. Не знаю, но предполагаю... думаю, я почти уверен, что она была там, когда это... когда случилась трагедия. И потому она, наверное, знает, что произошло на самом деле.

— И вы знаете ее адрес? Знаете, где она теперь?

— Да, я знаю, где она. И у меня есть ее адрес. У меня есть адреса их обеих. Думаю, вы могли бы отправиться туда и повидаться с нею... или с ними. Я знаю, что прошу многого... — Он замолк.

Пуаро смотрел на него несколько минут, после чего сказал:

— Да, это возможность — определенно возможность.

Книга II

ДВЕ ДЛИННЫЕ ТЕНИ

Глава 11

СУПЕРИНТЕНДАНТ ГАРРОУЭЙ И ПУАРО ПРОВЕРЯЮТ ЗАПИСИ

Инспектор Гарроуэй посмотрел через стол на Пуаро, и его глаза сверкнули. Джордж поставил перед ним виски с содовой, а подойдя к бельгийцу, наполнил ему стакан темной пурпурной жидкостью.

— Что пьете? — с интересом спросил суперинтендант.

— Черносмородиновый сироп, — ответил Пуаро.

— Ну, ну, — сказал Гарроуэй. — У каждого свой вкус. Что мне говорил Спенс? Он говорил, что вы пьете что-то под названием тизен. Что это такое — разновидность французского перно или что?

— Нет, это жаропонижающее.

— А, что-то для больных... — Полицейский отпил из своего стакана. — Ну, поговорим о самоубийстве!

— Это *было* самоубийство? — спросил Пуаро.
— А что же еще? Что и требовалось доказать! — Гарроуэй покачал головой, и его улыбка стала более явной.
— Простите, что вызываю столько хлопот, — сказал Пуаро. — Я похож на животное или ребенка в одном из рассказов вашего мистера Киплинга. Я страдаю неутолимым любопытством.
— Ненасытное любопытство... Хорошие рассказы он писал, этот Киплинг. И дело знал. Мне говорили, что этот человек мог просто пройти по эсминцу — и узнать о нем больше, чем лучшие инженеры Королевского Военно-морского флота.
— Увы, — сказал Пуаро, — я всего не знаю. И поэтому, видите ли, приходится задавать вопросы. Боюсь, что послал вам слишком длинный список вопросов.
— Что меня интригует, — ответил суперинтендант, — это как вы перепрыгиваете с одного на другое. Психиатры, отчеты врачей, сколько денег осталось, у кого были деньги, кому достались деньги, кто ожидал денег и не получил, особенности дамских причесок, парики, имя поставщика париков, и среди прочего очаровательные розовые картонные коробки, в которых они прибывали.
— Вы помнили все это, — сказал Пуаро, — и это изумило меня, уверяю вас.

— Что ж, это было запутанное дело, и, конечно, мы записывали всё по данной теме. От всего этого нам не было никакой пользы, но мы фиксировали каждую деталь, и в записях было все, если б кому-то захотелось заглянуть. — Он передвинул по столу лист бумаги. — Вот. Парикмахеры. Бонд-стрит, дорогое заведение. Называлось «Юджин и Розенталь». Потом они переехали. То же заведение, но вело деятельность на Слоун-стрит. Вот адрес, но теперь там зоомагазин. Двое работавших там уже несколько лет как вышли на пенсию, но тогда они были главными мастерами и обслуживали клиентов, и леди Рейвенскрофт была у них в списке. Розенталь — она теперь живет в Челтенхэме, занимается все тем же бизнесом. Называет себя стилистом по прическам — современный термин — и вдобавок косметологом. Как говорили в мое время, тот же человек, но в другой шляпе.

— Ага! — воскликнул Пуаро.

— Что «ага»?

— Я вам бесконечно обязан, — сказал бельгиец. — Вы подали мне мысль. Как странно в голове появляются мысли...

— У вас и так в голове полно всяких мыслей, — сказал суперинтендант. — Это ваша беда.... Да, так вот, я проверил, насколько смог, историю семьи — ничего особенного. Алистер Рейвенскрофт имел шотландские корни. Отец священник, два дяди военные — оба на высоких должностях. Женат на Маргарет Престон-Грей — девушка из родовитой семьи, представлена ко двору и все такое. Никаких семейных скандалов. Вы были совершенно правы насчет ее сестры-близняшки. Не знаю, откуда вы узнали — Доротея и Маргарет Престон-Грей были известны среди друзей как Долли и Молли. Их семья жила в Хэттерс-Грин, в Сассексе. Неразличимые двойняшки — обычная история. Первый зуб прорезался в один и тот же день, обе заболели скарлатиной в один и тот же месяц; одинаково одевались, влюблялись в одинаковых мужчин, вышли замуж примерно в одно время, обе за военных. Семейный врач, что их пользовал в молодости, умер несколько лет назад, так что ничего интересного о нем не найдено. Впрочем, у одной из них в ранние годы случилась трагедия.

— У леди Рейвенскрофт?
— Нет, у другой. Она вышла замуж за капитана Джарроу и родила двоих детей. Младшего мальчика, когда ему было четыре года, ударили игрушечной тачкой или какой-то другой игрушкой, лопаткой или детской тяпкой по голове, и он упал в пруд или какой-то другой водоем — и утонул. Выяснилось, что его ударила старшая сестра — девятилетняя девочка. Они вместе играли и поссорились, как это бывает у детей.

Это происшествие не вызывает больших сомнений, но есть и другая версия: якобы это сделала мать — рассердилась и ударила его; а другие говорили, что его ударила жившая по соседству женщина. Не думаю, что это представляет для вас интерес. Никакой связи с самоубийством сестры его матери и ее мужа много лет спустя.

— Да, — согласился Пуаро, — похоже, что нет. Но мне хотелось знать предысторию.

— Да, — подтвердил Гарроуэй, — как я вам сказал, нужно заглянуть в прошлое. Не могу сказать, что мы думали заглянуть туда так далеко. То есть, как я сказал, все это случилось за двадцать лет до самоубийства.

— В то время было предпринято формальное расследование?

— Да, мне удалось посмотреть материалы. Отчеты. Сообщения в газетах. Разные бумаги... Знаете, там были некоторые сомнения. Мать была в страшном потрясении. Ее это совершенно сломило, и она попала в больницу. Говорят, что после этого она стала другим человеком.

— Все подумали, что это сделала она?

— Ну, так подумал врач. Понимаете, никаких свидетельств не было. Она сказала, что видела все из окна: видела, как девочка ударила его и толкнула. Но ее свидетельство... В общем, не думаю, что ей тогда поверили. Она говорила так возбужденно...

— Я предполагаю, было какое-то психиатрическое освидетельствование?

— Да. Ее отправили в психиатрическую лечебницу или какое-то заведение подобного рода, у нее определенно было не все в порядке с головой. Она провела долгое время в одном или двух разных медицинских учреждениях, прошла курс лечения, кажется, под надзором специалистов из лондонской больницы Святого Андрея. В результате примерно через три года ее признали выздоровевшей, выписали и отправили домой жить нормальной жизнью в семье.

— И она была вполне нормальной?

— Полагаю, она всегда была невротичкой...

— А где она была во время самоубийства? Жила у Рейвенскрофтов?

— Нет, умерла за три месяца до того. Это случилось у них в Оверклиффе. Похоже, это еще одна иллюстрация одинаковой судьбы близнецов. Она ходила во сне — страдала лунатизмом, кажется, несколько лет. И от этого случилась пара незначительных происшествий. Иногда она принимала слишком много транквилизаторов, и в результате ночью бродила по дому и иногда выходила на улицу. И вот, проходя по дорожке у края скалы, оступилась и упала вниз. Разбилась насмерть. Нашли ее только на следующий день. Сестра, леди Рейвенскрофт, была страшно потрясена. Она была очень привязана к сестре, и ее в шоке увезли в больницу.

— Не могло ли это происшествие привести к самоубийству Рейвенскрофтов через несколько месяцев?

— Таких предположений не выдвигалось.

— Как вы говорите, с близнецами происходят странные вещи... Леди Рейвенскрофт могла убить себя из-за связи между ней и ее сестрой. А потом муж мог застрелиться, чувствуя некую вину...

— У вас слишком много предположений, Пуаро, — сказал Гарроуэй. — У Алистера Рейвенскрофта мог быть роман со свояченицей, о котором никто не знал. Но тому нет никаких свидетельств — если вы об этом подумали.

Зазвонил телефон, и Пуаро встал и взял трубку. Звонила миссис Оливер.

— Месье Пуаро, вы могли бы прийти завтра ко мне выпить чаю или шерри? Придет Селия, а потом — та командирша. Вы ведь этого хотели, не так ли?

Пуаро подтвердил, что хотел именно этого.

— Сейчас мне нужно бежать, — сказала Ариадна, — на встречу со старым боевым конем — я узнала о нем от моего слона номер один, Джулии Карстерс. Кажется, она, как всегда, перепутала его имя, но, надеюсь, адрес правильный.

Глава 12

СЕЛИЯ ВСТРЕЧАЕТСЯ
С ЭРКЮЛЕМ ПУАРО

— Ну, мадам, — сказал Пуаро, — как ваши успехи с сэром Хьюго Фостером?

— Для начала, его фамилия оказалась не Фостер, в Фотергилл. Я так и знала, что Джулия напутала. Всегда с ней так...

— Значит, слоны не всегда правильно запоминают имена?

— Не говорите о слонах — с ними я покончила.

— А ваш боевой конь?

— Просто старое комнатное животное. Никудышный источник информации. Помешался на каком-то человеке по фамилии Маршан, у которого случайно убили ребенка в Индии. Но никакой связи с Рейвенскрофтами. Говорю вам, со слонами я покончила...

— Мадам, вы были очень упорны, очень великодушны.

— Через полчаса придет Селия. Вы хотели с ней встретиться, не так ли? Я сказала ей, что вы... ну, помогаете мне в этом деле. Или вы бы предпочли, чтобы она пришла к вам?

— Нет, — сказал Пуаро, — я бы хотел, чтобы она пришла так, как вы устроили.

— Не думаю, что она задержится надолго. Если уйдет через час, будет хорошо: мы немного все обдумаем, и тут придет миссис Бёртон-Кокс.

— Ах да. Это будет интересно... Да, это будет очень интересно.

Миссис Оливер вздохнула:

— Хотя и утомительно, верно? У нас не слишком много материала.

— Да, — согласился Пуаро. — Мы не знаем, что ищем. Нам лишь по-прежнему известно, что, по всей вероятности, произошло двойное самоубийство супружеской пары, двух людей, которые тихо и счастливо жили вместе. И что мы можем сказать о причине? Мы двигались вперед-назад, вправо-влево, на запад и восток...

— Совершенно верно, — согласилась миссис Оливер. — Повсюду. Не были еще на Северном полюсе.

— И на Южном, — добавил Пуаро.

— И что мы будем иметь, когда дело дойдет до этого?

— Разные вещи, — сказал Пуаро. — Я составил список. Хотите посмотреть?

Миссис Оливер подошла, села рядом и взглянула через его плечо.

— Парики, — сказала она, указывая на первый пункт. — Почему на первом месте парики?

— Четыре парика — это интересно, — ответил Пуаро. — И это трудно понять.

— Полагаю, магазин, где она их покупала, больше ими не торгует. Люди теперь ходят за париками совсем не туда, и сейчас их носят меньше, чем тогда. Люди берут парики, чтобы ездить за границу. Знаете, чтобы избежать хлопот в дороге...

— Да, да, — сказал Пуаро, — мы сделаем с париками, что сможем. И все-таки меня заинтересовала одна вещь. Истории про психические заболевания в этой семье. Истории про сестру-двойняшку с психическим расстройством, которая много времени провела в психиатрической лечебнице.

— Непохоже, что это нас куда-либо приведет, — усомнилась миссис Оливер. — Я хочу сказать, она могла застрелить обоих, но не могу понять зачем.

— Нет, — сказал Пуаро, — насколько я знаю, отпечатки пальцев на револьвере принадлежали определенно только генералу Рейвенскрофту и его жене. Потом эти истории про ребенка... Ребенка в Индии злодейски убила, возможно, сестра леди Рейвенскрофт. А возможно, какая-то совершенно другая женщина — может быть, няня или служанка. Пункт второй. О деньгах вы знаете немного больше.

— При чем тут деньги? — с некоторым удивлением спросила миссис Оливер.

— Ни при чем, — ответил Пуаро. — Это-то и интересно. Обычно деньги играют определенную роль. Деньги, которые кто-то получает после самоубийства. Или теряет в результате самоубийства. Где-то они вызывают трудности и беды, пробуждают жадность и вожделение. Но в данном случае, кажется, не было большого количества денег. Есть разные истории о любовных романах, о женщинах, привлекавших мужа, мужчинах, привлекавших жену. О романах, которые могли привести ту или другую сторону к самоубийству или убийству. Такое часто случается. И тут мы приходим к тому, что в данный момент вызывает у меня наибольший интерес. Вот почему мне так хочется встретиться с миссис Бёртон-Кокс.

— О, с этой ужасной женщиной... Не понимаю, почему вы придаете ее персоне такую важность. Все, что она совершила, — это сунула нос не в свое дело и захотела, чтобы я что-то выяснила.

— Да, но почему она захотела, чтобы вы выяснили? Это представляется очень странным. Мне кажется, в этом надо разобраться. Она является связующим звеном.

— Звеном?

— Да. Правда, мы не знаем, где именно. Мы лишь знаем, что она отчаянно хочет узнать побольше об этом самоубийстве. Как звено, она связывает погибшую пару с вашей крестницей Селией Рейвенскрофт и сыном, который ей не сын.

— Как это не сын?

— Он приемный сын, — сказал Пуаро. — Она усыновила его, потому что ее сын умер.

— Каким образом он умер? Почему? Когда?

— Я задавался всеми этими вопросами. Она может быть эмоциональной связью — звеном в цепи любви и ненависти. Я должен во что бы то ни стало увидеться с ней. И кое-что решить насчет нее... Да, по-моему, это очень важно.

Послышался звонок, и миссис Оливер встала.

— Наверное, это Селия. Вы уверены, что всё в порядке?

— Меня всё устраивает, — сказал Пуаро. — Надеюсь, и ее тоже.

Миссис Оливер вышла из комнаты и через несколько минут вернулась с Селией. Было заметно, что девушку одолевали сомнения и подозрения.

— Не знаю, — сказала она, — стоило ли... И замерла, уставившись на Эркюля Пуаро.

— Хочу тебя познакомить, — проговорила миссис Оливер, — с человеком, который помогает мне и, надеюсь, поможет тебе. То есть поможет в том, что ты хочешь узнать. Это месье Эркюль Пуаро. У него особый талант к выяснению непонятных вещей.

— О! — воскликнула Селия, с большим сомнением посмотрела на невысокого яйцеголового детектива с огромными усами и неуверенно сказала: — Кажется, я что-то слышала о нем.

Эркюлю Пуаро потребовалось некоторое усилие, чтобы удержаться и не сказать: «Большинство людей слышали обо мне». Это было не совсем так, как раньше, поскольку многие, кто слышал об Эркюле Пуаро и знал его, теперь покоились под надгробными камнями на церковных кладбищах.

— Садитесь, мадемуазель, — сказал он. — Я расскажу вам кое-что о себе. Когда я начинаю расследование, то довожу его до конца. Я выведу правду на свет божий, если, так сказать, вы действительно хотите правды, — и тогда вы ее получите. Но, может быть, вы хотите утешения? Это не то же самое, что правда. Я могу найти множество вещей, которые могут вас утешить. Вам будет этого достаточно? Если так, то не просите большего.

Селия села на стул, который Пуаро пододвинул ей, и с серьезным видом посмотрела на детектива:

— Вы считаете, что меня не интересует правда?

— Я думаю, — ответил Пуаро, — что правда может вызвать шок, сожаление, и вы можете сказать: «Почему я не оставила все как есть? Зачем я попросила этого знания? Оно причиняет только боль и не несет в себе никакой помощи или надежды. Двойное самоубийство отца и матери, которых я — ну, допустим, — которых я любила. Оно не мешает любить отца и мать».

— В наши дни некоторые считают, что мешает, — сказала миссис Оливер. — Новый догмат веры, так сказать.

— Вот именно. Так я и жила до сих пор, — сказала Селия. — Задумывалась. Улавливала странные фразы, которые иногда говорят люди. Замечала, что некоторые смотрят на меня с жалостью. И не только с жалостью. С любопытством. Начинают выяснять о родственниках. О людях, с кем я встречаюсь, которых знаю, которые раньше знали родителей. Мне не нравится так жить. Я хочу... Вы думаете, что это не так, но я действительно хочу правды. Я в состоянии с ней справиться. Только поведайте мне ее.

Внезапно Селия сменила тему:

— Вы ведь виделись с Десмондом? Он приходил к вам. Он сказал мне, что приходил...

— Да, он приходил ко мне. А вы этого не хотели?

— Десмонд меня не спрашивал.

— А если б спросил?

— Не знаю. Не знаю, следовало ли запретить ему это или же поощрить его.

— Я бы хотел задать вам один вопрос, мадемуазель. Как вы сказали, Десмонд Бёртон-Кокс приходил ко мне. Очень симпатичный молодой человек и очень искренний в том, что пришел мне сказать. И вот что действительно важно: действительно ли вы хотите выйти за него? Насколько это серьезно? Хотя вы, молодые, не всегда так полагаете, но это связь на всю жизнь. Вы хотите вступить в это новое состояние? Это важно. Какая разница для вас или для Десмонда, была ли смерть двоих людей самоубийством или чем-то совсем другим?

— Вы думаете, это что-то совсем другое — или было чем-то совсем другим?

— Пока не знаю, — ответил Пуаро. — У меня есть основания предполагать, что такое могло быть. Кое-что не согласуется с двойным самоубийством, но пока я могу судить лишь по мнению полиции, а мнение полиции очень основательно, мадемуазель Селия, очень основательно; они собрали все свидетельства и определенно считают, что это не могло быть ничем иным, кроме двойного самоубийства.

— Но они так и не узнали причину? Вы это имеете в виду?

— Да, — сказал Пуаро, — я имею в виду это.

— И вы тоже не знаете причину? То есть, взглянув на все обстоятельства и обдумав их, или как вы это делаете?

— Нет, я не уверен в этом. Думаю, тут кроется нечто весьма неприятное, и потому я спрашиваю вас, хватит ли у вас рассудительности сказать: «Прошлое — это прошлое. А вот молодой человек, которого я люблю и который любит меня. И вместе мы проведем будущее, а не прошлое»?

— Десмонд сказал вам, что он приемный сын?

— Да, сказал.

— Видите: ну какое этой женщине дело до той истории? Зачем она пристала к миссис Оливер, попросила ее расспросить меня, выяснить что-то? Она не его настоящая мать.

— А он любит ее?

— Нет, — сказала Селия. — Я бы сказала, он совсем ее не любит. И думаю, никогда не любил.

— Она тратила на него деньги, на обучение, на одежду и кучу всего прочего... А как вы думаете, *она* любит *его*?

— Не знаю. Не думаю. Но ей нужен был ребенок, чтобы заменить своего. У нее был сын, который погиб в результате несчастного случая, вот почему она хотела усыновить кого-нибудь; да еще у нее умер муж. Это так тяжело...

— Я знаю, знаю. Пожалуй, я бы хотел узнать еще одну вещь.

— О ней или о нем?

— Она поддерживает его в финансовом отношении?

— Не совсем понимаю, что вы имеете в виду. Он будет в состоянии обеспечить меня — то есть свою жену. Думаю, ему были назначены какие-то деньги при усыновлении. Наверное, достаточная сумма. Не то чтобы целое состояние или что-то такое...

— И она ничего не сможет... удержать?

— Вы хотите сказать, она урежет выплаты, если он на мне женится? Не думаю, что она когда-либо грозила так сделать или что в самом деле могла бы. Думаю, все было формально оговорено юристами или кто там оформлял усыновление. Насколько я слышала, эти общества по усыновлению очень щепетильны в таких вещах.

— Я хотел бы спросить вас еще кое о чем, что может знать только вы, и никто больше. Предположительно это знает миссис Бёртон-Кокс. Вам известно, кто его настоящая мать?

— Вы думаете, это может быть одной из причин, почему она сует в это дело свой нос? Что-то связанное с тем, кто он на самом деле?.. Не знаю. Предполагаю, что он мог быть незаконнорожденным. Таких часто отдают в усыновление, не правда ли? Она могла знать что-то о его настоящей матери или настоящем отце или что-то такое. Но даже если и знала, ему не говорила. Наверное, просто выдала порцию каких-нибудь глупостей, которые положено говорить в таких случаях. Мол, так приятно быть усыновленным, поскольку это значит, что тебя любят... Есть много всякой чуши такого рода.

— Он или вы знаете что-нибудь о его кровном родстве?

— Я не знаю. И Десмонд, думаю, тоже не знает, но вряд ли это его волнует. Он не из тех, кого беспокоят такие вещи.

— Вы не знаете, была ли миссис Бёртон-Кокс другом вашей семьи или вашей матери или отца? Вы никогда не встречались с нею, когда жили в детстве в доме ваших родителей?

— Не думаю. Мать Десмонда, то есть миссис Бёртон-Кокс, ездила в Малайю. Кажется, ее муж там умер, и Десмонда послали в школу в Англию, и он жил у каких-то родственников или просто у людей, которые забирали детей на каникулы. Так мы с ним и познакомились. Я всю жизнь его помню. Я всегда преклонялась перед героями. А он умел прекрасно лазить по деревьям и учил меня, где искать птичьи гнезда и яйца. Когда мы снова встретились — в университете — и стали рассказывать друг другу, как мы жили, Десмонд спросил мою фамилию. Он сказал: «Я знаю только твое имя». А потом мы долго делились общими воспоминаниями... Вот так на самом деле мы и познакомились. Не могу сказать, что знаю о нем все. Я не знаю *ничего*. Но хочу узнать. Как можно устроить жизнь и знать, что в ней делать, если не знаешь прошлое, влияющее на тебя и твоих близких?

— Значит, вы хотите, чтобы я продолжил свое расследование?

— Да, если оно принесет какие-нибудь результаты. Хотя я не думаю, что принесет, потому что Десмонд и я уже пытались кое-что выяснить. И не добились больших успехов. Ведь на самом деле это не история жизни, а история смерти, не так ли? Вернее, двух смертей. Когда происходит двойное самоубийство, это воспринимается как одна смерть. Это, кажется, из Шекспира: «Они и в смерти были неразлучны...»

Селия снова посмотрела на Пуаро:

— Но вы продолжайте. Продолжайте выяснять. И сообщайте о результатах миссис Оливер или прямо мне. Лучше прямо мне.

Она повернулась к миссис Оливер:

— Не хочу показаться вам ужасной, крестная. Вы всегда были добры ко мне, но... но я бы хотела узнавать все, так сказать, изо рта лошади...[1] Ой, боюсь, это прозвучало не совсем деликатно по отношению к вам, месье Пуаро; я не хотела вас обидеть.

— Ничего, — сказал маленький бельгиец, — меня устраивает быть лошадью.

— Думаете, вам откроется правда?

— Я верю, что у меня получится.

— И всегда получалось?

— Обычно — да.

Глава 13

Миссис Бёртон-Кокс

— Ну, — сказала миссис Оливер, когда вернулась в комнату, проводив Селию до двери, — что вы думаете о ней?

— Это личность, — сказал Пуаро. — Весьма интересная девушка. Определенно, если можно так сказать, это кто-то, а не кто-нибудь.

— Да, верно, — согласилась Ариадна.

— Мне бы хотелось, чтобы вы кое-что мне рассказали.

---

[1] «Изо рта лошади» — дословный перевод выражения "from the horse's mouth", то есть «из первых уст». — *Прим. пер.*

— О ней? Но я же почти совсем ее не знаю. К тому же у меня много крестников, а с ними, как правило, видишься редко.

— Я имел в виду не Селию. Расскажите мне о ее матери. Вы знали ее?

— Да, мы были вместе в одном пансионе в Париже. Тогда люди обычно посылали девочек в Париж, чтобы нанести на их образ «последний штрих», — сказала миссис Оливер. — Хотя такие слова подходят больше к похоронам, чем к выходу в свет. Что вы хотите про нее узнать?

— Вы помните ее? Помните, что она собой представляла?

— Да. Я же говорю, люди из прошлого не забываются так легко.

— Какое она произвела на вас впечатление?

— Она была красивая. Это я помню. Не так, как в тринадцать-четырнадцать лет, — тогда она была очень пухленькой. Я думаю, как и все мы, — задумчиво добавила Ариадна.

— Она была личностью?

— Это трудно вспомнить, потому что, видите ли, она была моей единственной подругой или лучшей подругой. То есть было несколько девочек, державшихся вместе, — маленькая стайка, можно сказать. Люди с более-менее одинаковыми вкусами. Мы любили теннис, любили, когда нас водили в оперу, и смертельно скучали в картинных галереях. Я действительно помню все лишь в общих чертах. Ее звали Молли Престон-Грей.

— Вы обе имели кавалеров?

— Думаю, мы пару раз влюблялись. Не в поп-музыкантов, конечно, — тогда таких еще не было. Обычно в актеров. Помнится, был один довольно известный артист варьете. Одна из девочек приколола его фото у себя над кроватью, а мадемуазель Жиран, французская воспитательница, ни в коем случае не позволяла, чтобы там вешали актеров. Она говорила: «*Ce n'est pas convenable*»[1]. И та девочка сказала, что это ее отец! Мы смеялись, очень смеялись...

— Расскажите побольше про Молли, или Маргарет, Престон-Грей. Селия напоминает вам ее?

— Нет, не думаю. Нет. Они непохожи. Мне кажется, Молли была более... более эмоциональной, чем Селия.

— Как я понимаю, у нее была сестра-близнец. Она была в том же пансионе?

— Нет. Могла бы быть, так как они были одного возраста, — но нет, я думаю, она была в каком-то совершенно другом заведении в Англии. Впрочем, я не уверена... Я встречалась с ее сестрой Долли пару раз, случайно; конечно, в то время она была как две капли воды

---

[1] Это неприлично (*фр.*).

похожа на Молли... я хочу сказать, тогда они еще не стремились отличаться друг от друга, делать разные прически, как это обычно бывает у близнецов, когда они взрослеют... Думаю, Молли была привязана к своей сестре Долли, но особенно не говорила о ней. У меня есть такое чувство — то есть появилось теперь, в то время его не было, — что уже тогда с ее сестрой что-то было не так. Пару раз упоминалось, что она то ли заболела, то ли уехала куда-то проходить курс лечения... Что-то такое. Помню, я даже задумалась, не хромает ли она, или, может, у нее еще какое-то увечье... Однажды тетушка взяла ее в круиз на море, чтобы укрепить здоровье. — Миссис Оливер покачала головой. — Впрочем, не могу вспомнить. Мне казалось, что Молли была привязана к ней и хотела бы ее в некотором роде опекать. Вам это кажется глупостью?

— Вовсе нет, — сказал Эркюль Пуаро.

— Но бывали и другие времена, когда Молли не хотела говорить о сестре. Она рассказывала про папу и маму. Она любила их, я думаю, как обычно любят родителей. Однажды, помню, ее мать приехала в Париж и взяла ее из пансиона. Приятная женщина. Не очень интересная или красивая — ничего особенного. Милая, спокойная, доброжелательная.

— Понятно. То есть тут вы ничем не можете нам помочь. Никаких кавалеров?

— У нас тогда не было кавалеров, — сказала миссис Оливер. — Тогда было не как сейчас, когда все это вошло в порядок вещей. Позже, когда мы обе вернулись домой, то немного разошлись, отдалились. Кажется, Молли уехала с родителями куда-то за границу. Не думаю, что в Индию, — нет, не думаю. Одно время они жили в Швеции, а потом — где-то на Бермудах или в Вест-Индии. Кажется, ее отец был там губернатором или что-то вроде этого. Но такие вещи не запоминаются. Молли очень нравился один преподаватель музыки; он нравился нам обеим и, надо думать, доставлял нам гораздо меньше неприятностей, чем нынешние бойфренды. То есть мы его обожали, ждали того дня, когда он снова придет учить музыке... Конечно, мы были безразличны учителям. Однако нам они снились по ночам, и я помню свою прекрасную мечту, как я ласкаю моего любимого месье Адольфа, когда его свалила холера, и даю свою кровь для переливания, чтобы спасти ему жизнь. Какими глупыми бывают люди... Что только им не приходит в голову! Однажды я твердо решила уйти в монастырь, а потом собиралась стать сестрой милосердия в больнице... Однако, я думаю, с минуты на минуту придет миссис Бёртон-Кокс. Интересно, как она отреагирует на вас?

Пуаро посмотрел на часы:

— Довольно скоро мы это узнаем.

— У нас есть что-нибудь еще обсудить до ее прихода?

— Думаю, нам нужно будет кое-что проверить. Как я уже говорил, в нашем расследовании нам может пригодиться пара вещей. С вашей стороны — опрос собственно слонов.

— Что вы такое говорите? — возмутилась миссис Оливер. — Я же вам сказала, что покончила со слонами.

— Да, но, возможно, слоны еще не покончили с вами.

Снова зазвенел дверной звонок, и Пуаро с Ариадной переглянулись.

— Ну, — сказала миссис Оливер, — начнем.

Она снова вышла из комнаты, и Пуаро услышал, как они поздоровались. Вскоре в дверном проеме возникла массивная фигура миссис Бёртон-Кокс, за которой шла миссис Оливер.

— Какая у вас восхитительная квартира, — сказала гостья. — Так мило с вашей стороны, что вы нашли время — ваше бесценное время — и попросили меня прийти.

Она искоса взглянула на Пуаро, и на лице ее отразилось легкое удивление. На мгновение ее глаза переместились с него на кабинетный рояль у окна, и миссис Оливер, поняв, что миссис Бёртон-Кокс приняла Эркюля Пуаро за настройщика, решила развеять эту иллюзию.

— Хочу представить вам месье Эркюля Пуаро.

Сыщик приблизился и склонился над рукой гостьи.

— Думаю, он единственный, кто может как-то вам помочь. В том, о чем вы просили меня на днях относительно моей крестницы Селии Рейвенскрофт.

— Ах да. Как любезно с вашей стороны, что вы запомнили. Я так надеюсь, что вы дадите мне возможность узнать хоть немного о том, что же случилось на самом деле...

— Боюсь, мне удалось выяснить не так много, — сказала миссис Оливер. — Вот почему, собственно, я и попросила месье Пуаро встретиться с вами. Вы знаете, это исключительный человек по части добывания сведений. Он действительно лучший в этом деле. Не могу описать, скольким моим друзьям он помог и на сколько великих тайн — да, я действительно могу их так назвать — пролил свет. А тут — такая трагедия...

— Да, действительно, — сказала миссис Бёртон-Кокс, хотя в ее глазах оставалось сомнение.

Миссис Оливер указала ей на стул.

— Что вам предложить? Рюмку шерри? Для чая, конечно, уже поздно. Или предпочитаете какой-нибудь коктейль?

— О, рюмку шерри. Вы очень любезны.

— Месье Пуаро?

— Мне тоже, — сказал тот.

Миссис Оливер испытала чувство благодарности за то, что он не попросил *Sirop de Cassis*, один из своих любимых напитков. Она принесла рюмки и графин.

— Я уже в общих чертах рассказала месье Пуаро, какое расследование вы хотите провести.

— О да, — сказала миссис Бёртон-Кокс.

Она как будто сомневалась и не была так уверена в себе, как, казалось, было ей свойственно.

— Эта молодежь, — сказала она Пуаро, — с ними нынче так трудно... Ох уж эта молодежь! Мой сын, мой дорогой мальчик... мы так надеемся, что у него будет в жизни все хорошо... И тут эта девушка, очаровательная девушка, как, вероятно, миссис Оливер рассказала вам, ее крестница, и — ну, конечно, никогда не знаешь... То есть возникающая дружба часто не имеет продолжения. У них ведь много лет назад была, как раньше говорили, детская привязанность... Очень важно хоть немного узнать о... о ее предках. Понимаете, узнать, что у нее за семья. О, конечно, мне известно, что у Селии весьма благородное происхождение и все такое, не ведь *была* та трагедия. Обоюдное самоубийство, я полагаю, но никто так и не смог по-настоящему объяснить мне, что привело их к нему или, если можно так сказать, что довело их до него. У меня, по сути, не было общих друзей с Рейвенскрофтами, и мне было трудно предположить что-либо определенное. Конечно, Селия — очаровательная девушка и все такое, но нужно бы знать больше...

— Из слов моей хорошей знакомой миссис Оливер я понял, что вы хотите выяснить что-то конкретное. Фактически вы хотите узнать...

— Вы сказали, что хотите узнать, — вмешалась миссис Оливер, — застрелил ли отец Селии ее мать, а потом — себя, или ее мать застрелила отца, а потом — себя.

— По-моему, это не одно и то же, — сказала миссис Бёртон-Кокс. — Да, определенно, это не одно и то же.

— Очень интересная точка зрения, — заметил Пуаро не очень ободряющим тоном.

— О, для меня важен эмоциональный фон, так сказать, эмоциональные события, которые привели к трагедии. В браке — вы, конечно, согласитесь — нужно думать о детях. Я хочу сказать, о будущих детях. То есть о наследственности. Думаю, все мы уже осознали, что наследственность важнее, чем внешнее окружение. Она ведет к формированию характера и определенным, очень серьезным рискам, которым человек может подвергнуться.

— Это верно, — признал Пуаро. — Но рискуют те люди, которым приходится принимать решения. Ваш сын и эта молодая леди имеют право на выбор.

— О, я понимаю, понимаю... Родителям никогда не позволяют выбирать, не так ли, или даже советовать. Если вы считаете, что могли бы предпринять какое-то... расследование — кажется, вы употребили это слово... Но, возможно... возможно, я очень глупая мать. Матери, они такие. — Она издала короткое ржание, чуть склонив голову набок, и подняла рюмку с шерри. — Возможно, вы подумаете над этим, и я сообщу вам, что конкретно меня тревожит. — Она посмотрела на часы. — Боже, боже! Я опаздываю на встречу. Мне нужно идти. Извините, дорогая миссис Оливер, что убегаю так скоро, но вы понимаете... Я с таким трудом поймала сегодня такси... Таксисты, один за другим, просто отворачивались и проезжали мимо. Все так трудно, так трудно, не правда ли? Я думаю, у миссис Оливер есть ваш адрес, не так ли?

— Я дам вам мой адрес, — сказал Пуаро.

Он достал из кармана карточку и протянул ей.

— О да, да. Месье Эркюль Пуаро. Вы француз, верно?

— Я бельгиец.

— Да, да. Бельгиец. Да, да, я поняла. Я рада познакомиться с вами и очень надеюсь на вас... О, боже, мне надо скорее, скорее бежать.

Тепло пожав руку миссис Оливер, она протянула руку Пуаро, вышла из комнаты, и в прихожей хлопнула дверь.

— Ну, что вы об этом думаете? — спросила Ариадна.

— А вы?

— Она убежала, — сказала миссис Оливер. — Убежала. Вы чем-то напугали ее.

— Да, я думаю, вы рассудили совершенно верно.

— Она хотела, чтобы я что-то вытянула из Селии, хотела добыть какие-то сведения, какой-то секрет, который, как она подозревала, существует. Но эта женщина не хочет настоящего расследования, так?

— Думаю, не хочет, — согласился Пуаро. — Это интересно. Очень интересно. Вы думаете, она располагает средствами?

— Да, пожалуй. Она хорошо одевается, живет в респектабельном районе, но... Это трудно понять. Она настырная и властная женщина. Заседает во множестве комитетов. Однако я не вижу в ней ничего подозрительного. Я расспрашивала кое-кого... никому она особенно не нравится. Но она публичный человек, занимается политикой и все такое.

— Так что же в ней не так?

— Вам кажется, в ней что-то не так? Или она просто не понравилась вам, как и мне?

— Я думаю, есть что-то такое, чего она не хочет раскрывать.

— О! И вы собираетесь выяснить, что это?

— Естественно, если смогу. Это может оказаться нелегко. Миссис Бёртон-Кокс замкнулась. Она замкнулась, когда ушла отсюда. Испугалась вопросов, которые я собирался ей задать... Да. Это интересно. — Он вздохнул. — Знаете, иногда приходится погружаться в прошлое глубже, чем думаешь.

— Как, опять в прошлое?

— Да. Где-то в прошлом, как это не раз случалось, лежит нечто, что нам нужно узнать, прежде чем мы снова вернемся к тому, что произошло — что именно? — пятнадцать или двадцать лет назад в доме, который назывался Оверклифф... Да, придется снова вернуться в прошлое.

— Что ж, ничего не поделаешь, — сказала миссис Оливер. — И чем же мы теперь займемся? Что у вас за список?

— Я получил определенный объем информации из полицейских отчетов о том, что нашли в доме. Вы помните, что среди прочего фигурировали четыре парика.

— Да. Вы еще сказали, что четыре парика — это многовато.

— Верно, несколько чрезмерно, — сказал Пуаро. — Я также получил некоторые полезные адреса. Адрес доктора, который может оказаться полезным.

— Доктора? Вы имеете в виду их семейного врача?

— Нет, не семейного врача, а врача, который дал показания на следствии по делу об утонувшем ребенке. Которого толкнул то ли другой ребенок, то ли кто-то еще.

— Вы думаете, мать?

— Может быть, мать, а может быть, кто-то еще, кто был в то время в доме... Я знаю ту часть Англии, где это произошло, и инспектор Гарроуэй смог разыскать этого врача по известным ему источникам, а также через моих знакомых журналистов, которые заинтересовались данным случаем.

— И вы собираетесь с ним встретиться? Он, наверное, уже глубокий старик.

— Я встречусь не с ним, а с его сыном. Его сын тоже квалифицированный специалист по разным формам психических расстройств. Я посвятил его кое во что, и он, может быть, расскажет мне что-то интересное. Также наводились справки относительно денег...

— Каких денег? Что вы имеете в виду?

— Нам нужно кое-что выяснить. Деньги — одна из вещей, которые замешаны практически в любом преступлении. Кто в результате теряет их, а кто приобретает... Это нужно выяснить.

— Ну, наверное, в случае с Рейвенскрофтами это уже выяснили.

— Да, похоже, все выглядело вполне естественно. Оба имели обычное завещание, в котором все деньги переходили оставшемуся из супругов. Жена завещала деньги мужу, муж — жене. Никто из них не получил ничего, потому что оба умерли. И потому выгоду получили их дочь Селия и ее младший брат Эдвард, который, полагаю, сейчас учится в университете за границей.

— Ну, это нам не поможет. Никто из детей не мог иметь к этому отношения.

— О да, это истинная правда. Но нужно пойти дальше — дальше назад, дальше вперед, дальше в стороны, — чтобы выяснить, не было ли во всем этом какого-то существенного финансового мотива.

— Ну, меня об этом не просите, — сказала миссис Оливер. — Я не обладаю такой квалификацией. Моя же — исчерпывается слонами.

— Да, я думаю, для вас будет лучше всего заняться вопросом о париках.

— О париках?

— В подробном полицейском отчете в то время была сделана запись о том, кто продал те парики. Это было очень дорогое заведение в Лондоне, на Бонд-стрит. Потом это заведение закрылось, и бизнес перевели куда-то в другое место; им продолжали управлять двое первоначальных владельцев. Сейчас, насколько я знаю, они уже забросили дело, однако у меня есть адрес одного из их основных парикмахеров, и я думаю, что такое расследование будет проще провести женщине.

— То есть мне? — спросила миссис Оливер.

— Да, вам.

— Хорошо. Что вы хотите, чтобы я сделала?

— Съездите в Челтенхэм по адресу, который я вам дам, там найдете мадам Розенталь. Она уже немолода, но в свое время была очень модной изготовительницей всяческих женских украшений для волос. Насколько я знаю, она замужем за человеком той же профессии — за парикмахером, который специализируется на проблемах облысения у джентльменов. В частности, делает парики.

— Боже, — сказала миссис Оливер, — ну и задания вы мне даете... Думаете, они что-то помнят?

— Слоны помнят всё.

— А кого собираетесь спрашивать вы? Того доктора, о котором говорили?

— В частности, его.

— И что, по-вашему, он вспомнит?

— Не много, — сказал Пуаро, — но мне кажется, он мог слышать о каком-то несчастном случае. Знаете, для него это мог быть интересный больной. Должны быть записи в истории болезни...

— Сестры-близняшки?

— Да. Насколько я слышал, с нею было связано два несчастных случая. Один — когда она была молодой матерью в Хэттерс-Грин... кажется, такой был адрес... и еще один — позже, когда она была в Малайе. Оба раза несчастный случай привел к смерти ребенка. Я смог разузнать кое-что об...

— Вы хотите сказать, что, поскольку они были близнецы, Молли — то есть моя Молли — тоже могла иметь какое-то психическое расстройство? Ни на минуту в это не поверю. Она была не такая. Нежная, ласковая, очень хорошенькая, эмоциональная — о, она была очень хорошим человеком.

— Да. Да, так могло казаться. И, вы сказали бы, в целом очень счастливым человеком?

— Да. Она была счастливым человеком. *Очень* счастливым. О, я понимаю, что, конечно, ничего не знала о ее дальнейшей жизни — она жила за границей. Но мне всегда казалось — в редких случаях, когда я получала от нее письмо или навещала ее, — что она была счастлива.

— А ее сестру вы по-настоящему не знали?

— Нет. Ну, думаю, она была... ну, честно говоря, когда я навещала Молли, Долли пребывала в определенном заведении. Ее даже не было у Молли на свадьбе.

— Это само по себе странно.

— Я по-прежнему не понимаю, что вы собираетесь из этого узнать.

— Хочу просто получить информацию, — сказал Пуаро.

Глава 14

Доктор Уиллоби

Эркюль Пуаро вылез из такси, расплатился и дал водителю на чай, после чего удостоверился, что попал по адресу, который был у него в записной книжке. Он осторожно достал из кармана письмо, адресованное доктору Уиллоби, поднялся по ступенькам к дому и нажал на кнопку звонка. Дверь открыл слуга. Услышав фамилию Пуаро, он сказал, что доктор Уиллоби его ждет.

Они прошли в маленькую комфортабельную комнатку с книжными стеллажами у стен; в ней стояли два кресла, пододвинутых к камину, на котором покоился поднос с бокалами и два графина. Доктор Уиллоби встал навстречу Пуаро. Это был человек лет где-то от пятидесяти до шестидесяти с сухопарым, худым телом, высоким лбом, темными волосами и проницательными серыми глазами. Сыщик достал из кармана письмо.

— Ах да...

Доктор взял его, раскрыл, прочел и, положив рядом с собой, посмотрел на Пуаро с некоторым интересом.

— Я уже слышал о вас от суперинтенданта Гарроуэя, а также, могу сказать, от одного своего друга в Министерстве внутренних дел, который тоже просил меня сделать для вас все, что я могу, в рамках интересующего вас вопроса.

— Знаю, что прошу о довольно серьезном одолжении, — сказал Пуаро, — но есть причины, по которым для меня это очень важно.

— Важно для вас через столько лет?

— Да. Конечно, я пойму, если эти частные события начисто вылетели у вас из головы.

— Не могу сказать, что вылетели. Вот уже много лет меня интересуют, как вы, вероятно, слышали, особые ответвления моей профессии.

— Ваш отец, насколько я знаю, был выдающимся специалистом в этой сфере.

— Да. Это был интерес всей его жизни. Он выдвинул множество предположений, и некоторые из них с триумфом подтвердились, а некоторые привели к разочарованию... Так вас, насколько я понимаю, интересует какой-то случай психического расстройства?

— Одна женщина. Ее звали Доротея Престон-Грей.

— Да, я тогда был совсем молод... Но уже интересовался направлением мысли моего отца, хотя мои и его теории не всегда совпадали. Он вел захватывающую работу, и мне было очень любопытно сотрудничать с ним. Не знаю, что именно интересует вас в случае Доротеи Престон-Грей, как ее звали в то время, а потом — миссис Джарроу...

— Я знаю, что она была одной из сестер-близнецов, — сказал Пуаро.

— Да. В тот момент, могу сказать, это было специфической областью исследования моего отца. Тогда был такой проект — проследить за жизнью отобранных пар однояйцевых близнецов. Воспитанных в одинаковом окружении — и тех, кто в силу различных жизненных обстоятельств вырос в совершенно различных условиях. Посмотреть, насколько одинаковыми они остались, насколько схожие события случились в их жизни. Например, две сестры или два брата не провели почти никакого времени вместе — и все же удивительным образом в одно и то же время с ними происходят одинаковые вещи. Все это было — а на самом деле и остается — чрезвычайно интересно. Однако, я полагаю, вас интересует что-то другое...

— Да, — сказал Пуаро, — меня интересует несчастный случай с ребенком — я бы сказал, это часть того, что меня интересует.

— Понятно. Кажется, это было в Суррее. Да, очень хорошее место для жизни. Не очень далеко от Кэмберли. Миссис Джарроу в то время была молодой вдовой с двумя маленькими детьми. Ее муж незадолго до того погиб в каком-то происшествии. И в результате она...

— Повредилась умом?

— Нет, не совсем так. Она была глубоко потрясена смертью мужа, тяжело переживала эту утрату и, по мнению своего врача, не могла отойти от своего горя. Ему не очень нравилось, как шло ее выздоровление, и не казалось, что она справилась с переживаниями так, как ему хотелось. Похоже, это вызвало ее довольно необычные реакции. Как бы то ни было, врач этот хотел получить консультацию — и попросил моего отца приехать и посмотреть, что с этим можно сделать. Отец нашел ее состояние интересным и в то же время подумал, что оно таит в себе определенные опасности. И потому предложил поместить ее под наблюдение в лечебницу, где ей мог быть обеспечен должный уход. Что-то в таком духе. Дальше — больше. Произошел несчастный случай с ребенком. По словам миссис Джарроу, двое ее детей, маленький сын и девочка постарше, играли вместе.

Девочка напала на мальчика, который был на четыре или пять лет младше ее, ударила его по голове детской лопаткой или тяпкой, отчего тот упал в декоративный водоем в саду и утонул. Как вы знаете, такие вещи довольно часто происходят между детьми. Иногда маленького толкают в пруд в коляске, потому что другой ребенок, ревнуя, думает: «Маме будет настолько меньше хлопот, если Дональда или Эдварда здесь не будет» или: «Так ей будет гораздо лучше». Хотя в данном конкретном случае не было никакого свидетельства ревности. Девочку не возмущал факт существования брата. С другой стороны, миссис Джарроу не хотела второго ребенка. Хотя ее муж радовался этому новому зачатию, сама миссис Джарроу не желала его. Она обращалась к двум врачам по поводу аборта, но никто из них не согласился на противозаконную операцию. Один из слуг, а также мальчик, несший в дом телеграмму, говорили, что на мальчика напала женщина, а не другой ребенок. А одна из служанок со всей определенностью заявляла, что в это время смотрела в окно и видела, что это была ее хозяйка. Она сказала: «Думаю, бедняжка в последние дни сама не понимает, что делает. С тех пор как хозяин умер, она в таком состоянии, в каком никогда не бывала...» В общем, не знаю, что вы хотите узнать об этом происшествии. Был вынесен вердикт о несчастном случае; заключили, что дети играли вместе, толкались и тому подобное, и потому это, несомненно, весьма прискорбная случайность. Так все и оставалось, но, когда проконсультировались с моим отцом, когда тот побеседовал с миссис Джарроу, задал ей несколько тестов и дал заполнить несколько опросных листов, после сочувственных фраз и вопросов к ней он пришел к убеждению, что это она несет ответственность за случившееся. И рекомендовал провести психиатрическое лечение.

— Но ваш отец *был* уверен, что это *она* ответственна за случившееся?

— Да. В то время существовало очень популярное направление в медицине, которому мой отец очень доверял. Утверждалось, что после лечения, занимающего иногда долгое время — год или больше, — больной может возвратиться к нормальной повседневной жизни, и это пойдет ему только на пользу. Больной может вернуться к жизни дома и при надлежащем уходе и внимании со стороны врачей и родных — как правило, близких родственников, следящих за его поведением, — все может идти хорошо. Могу сказать, что многие случаи подтверждали эту гипотезу, но были и другие примеры. Некоторые из них привели к плачевным результатам. Пациенты, считавшиеся вылечившимися, возвращались домой к своему естественному окружению, к семье, к мужу, родителям, но постепенно возникал рецидив, так что часто случались — или чуть не случались — трагедии. Один случай, который горько разочаровал моего отца — и явился важным элементом в его системе знаний, — касался женщины, вернувшейся жить с той же подругой, с которой она жила раньше. Все, казалось, шло хорошо, но через пять или шесть месяцев эта женщина срочно вызвала доктора и, когда он пришел, сказала: «Я должна отвести вас наверх. Вы рассердитесь из-за того, что я сделала, и, боюсь, вызовете полицию. Я знаю, что так и будет. Но видите ли, мне было велено это сделать. Я увидела, как из глаз Хильды смотрел Дьявол. Я увидела там Дьявола и поняла, что мне делать. Я поняла, что придется убить ее». Хильда лежала в кресле задушенная, с выдавленными уже после наступления смерти глазами. Убийца умерла в психиатрической лечебнице, не испытывая никакого раскаяния в содеянном, утверждая, что выполняла повеление свыше, и это был ее долг — уничтожить Дьявола.

Пуаро печально покачал головой, а доктор продолжал:

— Да. Ну, так вот, я считаю, что Доротея Престон-Грей в легкой форме страдала психическим расстройством, которое представляло опасность для нее самой и окружающих, и считать ее безопасной для общества можно было только при условии постоянного надзора за нею. В то время, могу сказать, такая точка зрения не была общепризнанной, и мой отец считал ее крайне неразумной. Ранее Доротея была помещена в очень комфортабельную частную лечебницу и получала прекрасный уход и лечение. Через несколько лет она выглядела совершенно нормальной, ее выписали, и она стала жить обычной жизнью под присмотром очень милой надзирательницы, в какой-то степени отвечающей за миссис Джарроу, хотя окружающие считали ее прислугой леди. Больная свободно перемещалась, заводила друзей и через какое-то время уехала за границу.

— В Малайю, — сказал Пуаро.

— Да. Вижу, вы точно проинформированы. Она уехала в Малайю и жила там у своей сестры.

— И там случилась вторая трагедия?

— Да. Нападение на ребенка соседей. Сначала подумали на няню, но потом, я думаю, заподозрили одного из местных слуг, посыльного. И снова как будто не вызывало сомнений, что в нападении была виновна миссис Джарроу, по известным только ей причинам. Насколько я понимаю, не было явных свидетельств, с помощью которых можно было бы обвинить ее. Думаю, генерал... Забыл его фамилию...

— Рейвенскрофт?

— Да, да, генерал Рейвенскрофт согласился устроить ей возвращение в Англию, дабы та снова прошла курс лечения. Вы это хотели узнать?

— Да, — сказал Пуаро. — Кое-что из этого я уже слышал, но в основном в виде не заслуживающих доверия слухов. О чем я хотел спросить — это о случае, касающемся однояйцевых близнецов. Что вы можете сказать про ее сестру Маргарет Престон-Грей, впоследствии жену генерала Рейвенскрофта? Вероятно ли, что и она была затронута тем же заболеванием?

— Насчет нее не зафиксировано никакого клинического случая. Она была совершенно нормальной. Мой отец из интереса навещал ее пару раз и говорил с нею, поскольку раньше часто видел случаи почти идентичных заболеваний или психических нарушений у близнецов, которые в детстве были очень привязаны друг к другу.

— Вы сказали, только в детстве?

— Да. В определенных случаях между однояйцевыми близнецами может возникнуть враждебность. Начинается все с заботы друг о друге, но это может выродиться во что-то близкое к ненависти, если ее включит какое-то эмоциональное напряжение; или же причиной ненависти между сестрами может явиться какой-либо эмоциональный кризис. Думаю, это могло иметь место. Генерал Рейвенскрофт, еще будучи молодым младшим офицером, или капитаном, или кем там он был, наверное, крепко влюбился в Доротею Престон-Грей, которая была очень красивой девушкой, в действительности более красивой из двух сестер, и она тоже влюбилась в него. Они не были официально помолвлены, но генерал Рейвенскрофт довольно скоро перенес свои чувства на другую сестру, Маргарет, или Молли, как ее называли. Он влюбился в нее и попросил ее руки. Она ответила на его чувство, и они поженились, как только это стало уместно для его карьеры. Мой отец не сомневался, что вторая сестра, Долли, страшно завидовала браку Маргарет и что она по-прежнему любила Алистера Рейвенскрофта и возмущалась его женитьбой. Однако справилась с этим, со временем вышла за другого мужчину — казалось, вполне счастливый брак, — и потом часто навещала Рейвенскрофтов, не только в Малайе, но и позже, на другой заграничной базе и когда они вернулись на родину. Очевидно, к тому времени она снова излечилась, больше не подвергалась психической депрессии и жила вместе с очень надежной компаньонкой и штатом прислуги. Полагаю — и так всегда говорил мне отец, — что леди Рейвенскрофт, Молли, оставалась очень привязана к своей сестре. Она любила и оберегала ее; думаю, хотела больше видеться с нею, но генералу Рейвенскрофту это не очень нравилось. Возможно, несколько неуравновешенная Долли — миссис Джарроу — продолжала испытывать сильные чувства к Рейвенскрофту, что, я думаю, стесняло его и вызывало чувство неудобства, хотя, наверное, его жена была убеждена, что ее сестра преодолела всякую ревность или злобу.

— Насколько я понимаю, миссис Джарроу прожила у Рейвенскрофтов около трех недель, прежде чем случилась трагедия...

— Да, совершенно верно. Тогда случилась ее собственная трагедия. Она довольно часто ходила во сне. Однажды ночью миссис Джарроу вышла так из дому — и упала с участка скалы, приняв его за тропинку на вершину. Ее нашли на следующий день, и, кажется, она умерла в больнице, не приходя в сознание. Ее сестра Молли не могла найти себе места и очень горевала, но, если хотите знать, не думаю, что это каким-либо образом можно считать причиной последующего самоубийства счастливой супружеской пары. Скорбь о сестре или свояченице вряд ли толкнет вас на самоубийство. И, определенно, это не причина для двойного самоубийства.

— Если только, возможно, Маргарет Рейвенскрофт не была виновата в смерти своей сестры, — сказал Эркюль Пуаро.

— Боже милостивый! — воскликнул доктор Уиллоби. — Уж не предполагаете ли вы...

— ...что это Маргарет пошла за бродящей во сне сестрой, и это рука Маргарет столкнула Доротею с края скалы?

— Абсолютно отвергаю подобное предположение, — сказал доктор Уиллоби.

— Никогда не знаешь, чего ожидать от людей, — возразил Эркюль Пуаро.

Глава 15

«Юджин и Розенталь, стилисты по прическам и косметологи»

Миссис Оливер одобрительно оглядела Челтенхэм. Оказалось, что она никогда раньше здесь не была. «Как приятно, — сказала она себе, — видеть дома, которые действительно похожи на настоящие дома».

Вернувшись мыслями к дням своей юности, Ариадна вспомнила, что знавала людей — по крайней мере, среди своих родственников, своих тетушек, — у которых знакомые жили в Челтенхэме. Обычно пенсионеры. Военные пенсионеры. Сюда приятно приезжать, подумала она, здесь приятно жить, если провел много времени за границей. Здесь ощущается английская надежность, хороший вкус, атмосфера приятных разговоров и бесед.

Заглянув в пару приличных антикварных магазинов, она нашла дорогу туда, куда хотела попасть, — то есть куда хотел, чтобы она попала, месье Пуаро. Это называлось «Розово-зеленый салон красоты». Миссис Оливер зашла внутрь и осмотрелась. Четыре-пять женщин были в процессе ухода за волосами. Полненькая девушка оставила свою клиентку и подошла с вопросительным видом.

— Миссис Розенталь? — спросила миссис Оливер, взглянув на карточку. — Она сказала, что может увидеться со мной, если я приду утром. — И добавила: — В принципе я не возражала бы, если б кто-то занялся моими волосами, но на сей раз хотела проконсультироваться с ней относительно одной вещи и позвонила, и миссис Розенталь сказала, что, если я приду в полдвенадцатого, она сможет уделить мне немного времени.

— О да, — сказала девушка, — кажется, мадам кого-то ждет.

Она провела миссис Оливер через служебный проход, где они спустились на несколько ступенек, и толкнула дверь внизу. Из парикмахерского салона они попали, очевидно, в дом к миссис Розенталь. Полненькая девушка постучала в дверь и сказала:

— К вам пришла леди. — Уже сунувшись в дверь, она нервно спросила: — Как, вы сказали, вас зовут?

— Миссис Оливер, — сказала Ариадна.

Она вошла, и у нее возникло ощущение, что она попала в какой-то выставочный зал. Здесь были розовые газовые занавески и розы на обоях, а сама миссис Розенталь, которую миссис Оливер сначала приняла за свою ровесницу, но потом подумала, что она может быть на много лет старше, заканчивала свой утренний кофе.

— Миссис Розенталь? — спросила Ариадна.

— Чем могу быть полезна?

— Вы ждали меня?

— О да. Я не совсем поняла, чем вызван ваш визит. По телефону было так плохо слышно... Все в порядке, у меня есть свободные полчаса. Хотите кофе?

— Нет, спасибо, — сказала миссис Оливер. — Я не задержу вас дольше необходимого. Я лишь хочу кое-что спросить у вас — может быть, вы помните... Насколько я знаю, у вас довольно долгая карьера в парикмахерском бизнесе.

— О да. Слава богу, что теперь стало возможным переложить работу на девушек. Сама я уже этим не занимаюсь.

— Может быть, вы все еще консультируете?

— Да, это я делаю, — улыбнулась миссис Розенталь.

У нее было приятное умное лицо, ухоженные каштановые волосы, местами с интересными седыми прядками.

— Не совсем уверена, что я поняла, о чем вы говорите.

— На самом деле я хотела задать вам вопрос... ну, наверное, вообще о париках.

— Теперь мы не занимаемся париками так много, как когда-то.

— У вас был бизнес в Лондоне, не так ли?

— Да. Сначала на Бонд-стрит, а потом мы переехали на Слоун-стрит, но после всего этого, знаете, приятно переехать за город. Да, мой муж и я очень довольны этим местом. У нас маленький бизнес, но париками нынче мы занимаемся мало, хотя мой муж консультирует и делает парики для лысеющих мужчин. Это действительно много значит, знаете ли, для деловых людей — не выглядеть слишком старыми, а иным порой помогает найти работу.

— Вполне представляю, — сказала миссис Оливер.

От неловкости она произнесла еще несколько ничего не значащих слов и не знала, как же перейти к делу. И вздрогнула, когда миссис Розенталь вдруг наклонилась над столом и сказала:

— Вы ведь Ариадна Оливер, верно? Писательница?

— Да, — призналась та, — по сути дела... — Сказав это, она приняла свое обычное застенчивое выражение. — Да, я пишу романы.

— Мне очень нравятся ваши книги. Я прочитала их множество. Это действительно очень мило. Так скажите, чем я могу вам помочь?

— Ну, я хотела поговорить о париках и кое о чем, случившемся много лет назад; может быть, вы что-то помните...

— Догадываюсь... Вас интересуют моды давних лет?

— Не совсем так. Одна женщина, моя подруга — я училась с ней в школе, — вышла замуж и уехала в Малайю, а потом вернулась в Англию, где и случилась трагедия; и среди прочего люди удивлялись, что у нее было так много париков. Я думаю, это вы их ей продали, то есть ваша компания.

— Ах, трагедия... Как звали вашу подругу?

— Ну, когда я ее знала, ее фамилия была Престон-Грей, но потом она изменилась на Рейвенскрофт.

— О!.. О да, да, я помню леди Рейвенскрофт. Хорошо ее помню. Она была такая милая и действительно очень, очень хорошо выглядела. Да, ее муж был то ли полковник, то ли генерал, что-то в этом роде; потом он вышел в отставку, и они жили в... забыла, в каком графстве...

— И потом произошло якобы двойное самоубийство, — сказала миссис Оливер.

— Да. Да, я помню, читала об этом, и все говорили: «Неужели это наша леди Рейвенскрофт?» — а потом в газете была фотография их обоих, и я увидела, что это она. Конечно, ее мужа я никогда не видела, но это была точно она. Это было так грустно, так печально... Я слышала, что они узнали, будто у нее рак, и ничего не могли с этим поделать, и потому-то это и случилось. Но я не слышала никаких подробностей.

— Понятно, — сказала миссис Оливер.

— Так что же, по-вашему, я могу вам рассказать?

— Вы делали для нее парики, и, насколько я знаю, полицейские, проводившие расследование, сочли, что четыре парика — это слишком много. Но, возможно, в то время люди держали сразу по четыре парика?

— Я думаю, большинство имели по меньшей мере два, — сказала миссис Розенталь. — Знаете, чтобы один посылать для восстановления, а в это время носить второй.

— Вы не помните, леди Рейвенскрофт заказала еще два парика?

— Она не приходила сама. Приходила какая-то дама-француженка, ее компаньонка или что-то такое. Очень милая. Превосходно говорила по-английски. Объяснила все, что было нужно от дополнительных париков — размер, цвет, стиль, — и заказала их. Да. Странно, что я помню... Наверное, я бы не запомнила, если б вскоре — наверное, через месяц или чуть больше, через шесть недель — не прочла про самоубийство. Боюсь, миссис Рейвенскрофт сообщили страшную новость в больнице, или где там она была, и она не смогла с этим больше жить, а муж понял, что не сможет жить без нее...

Миссис Оливер печально покачала головой и продолжила свои вопросы:

— Я полагаю, эти парики были разного вида.

— Да. Один с такой милой седой прядью, и еще для выходов; третий — вечерний, и потом был коротко остриженный, в кудряшках. Очень милый — его можно было надевать под шляпку, и он не растрепывался. Жаль, что я больше не видела леди Рейвенскрофт. Даже не считая своей болезни, она была очень несчастна из-за недавней смерти своей сестры. Они были близнецы.

— Да, близнецы, и были очень привязаны друг к другу, — подтвердила миссис Оливер.

— А до того она всегда казалась мне счастливой женщиной, — сказала миссис Розенталь.

Обе вздохнули, и Ариадна сменила тему.

— Как вы думаете, мне пригодился бы парик? — спросила она.

Миссис Розенталь протянула руку и профессионально положила ей на голову.

— Я бы не советовала — у вас прекрасно растут волосы, по-прежнему очень густые. Как я представляю, — ее губ коснулась улыбка, — вы любите делать разные прически?

— Как вы догадались... Да, это правда — люблю экспериментировать. Это так забавно.

— Вы вообще любите жизнь, верно?

— Да, люблю. Люблю это чувство, когда не знаешь, что будет дальше.

— Однако именно это чувство и заставляет столь многих вечно беспокоиться, — заметила миссис Розенталь.

Глава 16

Мистер Гоби сообщает

Мистер Гоби вошел в комнату, и Пуаро указал ему на стул, на который тот обычно садился. Пришедший огляделся, выбирая, к какому предмету мебели обратиться. Как часто делал раньше, он остановился на электрическом камине, не включенном в это время года. Мистер Гоби был известен тем, что никогда прямо не обращался к человеку, на которого работал. Для этого он всегда выбирал карниз, радиатор батареи, телевизор, часы, иногда ковер или половик.

Из портфеля мистер Гоби достал несколько документов.

— Ну, — сказал Эркюль Пуаро, — есть у вас что-то для меня?

— Я собрал разные подробности...

Мистер Гоби был известен во всем Лондоне, а возможно, и во всей Англии и даже за ее пределами, как великий поставщик информации. Как он творил свои чудеса, никто толком не знал. У него не было разветвленной сети осведомителей. Иногда он жаловался, что его «ноги», как он иногда называл своих немногочисленных помощников, уже не те, что раньше. Но его результаты по-прежнему изумляли всех, кто пользовался его услугами.

— Миссис Бёртон-Кокс, — сказал он, объявляя имя, как церковный староста, чья очередь пришла читать поучение. С таким же выражением мистер Гоби мог бы произнести: «Книга Исайи, глава четвертая, стих третий». — Миссис Бёртон-Кокс, — повторил он. — Вышла замуж за мистера Сесила Олдбери, крупного производителя пуговиц, богатого человека. Занималась политикой, была членом парламента от избирательного округа Литтл-Стансмир. Мистер Сесил Олдбери погиб в автокатастрофе через четыре года после заключения брака. Их единственный ребенок погиб в результате несчастного случая вскоре после этого. Имущество мистера Олдбери по наследству перешло к его супруге, но оказалось меньше, чем ожидалось, поскольку в последние годы его компания столкнулась с трудностями. К тому же мистер Олдбери оставил значительную денежную сумму мисс Кэтлин Фенн, с которой, по видимости, имел интимные отношения, о чем его жена ничего не знала. Миссис Бёртон-Кокс продолжила свою политическую карьеру. Через три года после смерти мужа она усыновила ребенка, родившегося у мисс Кэтлин Фенн. Последняя настаивала, что это сын покойного мистера Олдбери. Из того, что я смог узнать в ходе своего расследования, в это трудно поверить, — продолжал мистер Гоби. — У мисс Фенн было много связей, обычно с состоятельными джентльменами щедрого типа, но, в конце концов, многих можно купить за определенную сумму, не так ли? Боюсь, я могу прислать вам довольно внушительный список.

— Продолжайте, — сказал Эркюль Пуаро.

— Миссис Олдбери, каковой она тогда была, согласилась усыновить ребенка и вскоре после этого вышла замуж за майора Бёртон-Кокса. Что касается мисс Кэтлин Фенн, могу сказать, что она стала весьма успешной актрисой и поппевицей и сделала на этом большие деньги. Тогда она написала миссис Бёртон-Кокс письмо, где выражала желание забрать усыновленного ребенка назад. Миссис Бёртон-Кокс отказала ей. Насколько я понимаю, с тех пор как майор Бёртон-Кокс погиб в Малайе, миссис Бёртон-Кокс вела вполне комфортабельную жизнь. Он оставил ее умеренно состоятельной. Далее могу сообщить, что мисс Кэтлин Фенн, которая совсем недавно умерла — кажется, полтора года назад, — оставила завещание, в котором все свое состояние, к тому времени составившее весьма значительную сумму, оставила своему биологическому сыну Десмонду, ныне известному как Десмонд Бёртон-Кокс.

— Очень великодушно, — заметил Пуаро. — Отчего же умерла мисс Фенн?

— Мои информаторы говорят, что она страдала лейкемией.

— И юноша унаследовал деньги матери?

— Они были оставлены для него в трастовом фонде для востребования по достижении двадцатипятилетнего возраста.

— Значит, он получит неплохое состояние и не будет ни от кого зависеть?.. А миссис Бёртон-Кокс?

— Известно, что ее инвестиции оказались неудачны. Ей хватает на жизнь, но не более того.

— А молодой Десмонд написал завещание? — спросил Пуаро.

— Боюсь, этого я пока не знаю, — ответил мистер Гоби. — Но у меня есть некоторые возможности это узнать. Если узнаю, я тотчас же ознакомлю вас с этими сведениями.

Он встал и на прощанье рассеянно отвесил поклон электрическому камину.

Спустя примерно час зазвонил телефон.

Эркюль Пуаро что-то записывал на листе бумаги перед собой, то и дело хмурясь, покручивая усы, что-то зачеркивая, исправляя и двигаясь дальше. Когда зазвонил телефон, сыщик взял трубку.

— Спасибо, — поблагодарил он, выслушав, — вы справились очень быстро. Да... да, благодарю. Я действительно порой диву даюсь, как у вас это получается... Да, это проясняет ситуацию. Придает смысл тому, что раньше казалось бессмысленным... Да... Я полагаю... да, я слушаю... вы вполне уверены, что дело именно в этом? Он знает, что усыновлен... но ему не говорили, кто его настоящая мать... да. Да, понимаю... Очень хорошо. Вы выяснили и второй вопрос? Благодарю вас.

Он положил трубку и снова начал что-то записывать. Через полчаса телефон зазвонил снова, и сыщик снова взял трубку.

— Я вернулась из Челтенхэма, — произнес голос, который Пуаро без труда узнал.

— Ах, *chère madame*, вы вернулись? Виделись с миссис Розенталь?

— Да. Она очень милая. Действительно очень милая. И знаете, вы были совершенно правы: она еще один слон.

— То есть, *chère madame*?

— То есть она помнит Молли Рейвенскрофт.

— И помнит ее парики?

— Да.

Миссис Оливер вкратце описала, что ей рассказала бывшая парикмахерша о париках.

— Да, — сказал Пуаро, — все сходится. Это именно то, что говорил мне суперинтендант Гарроуэй. Четыре парика, которые обнаружила полиция. Завитушки, вечерняя прическа и два более скромных. Четыре.

— Значит, я сказала лишь то, что вы и так знали?

— Нет, вы сообщили мне кое-что еще. Она сказала — ведь так вы сказали мне, верно? — что леди Рейвенскрофт захотела иметь два лишних парика, дабы добавить к тем, что у нее уже были, и это случилось от трех до шести недель до того, как произошла трагедия с самоубийством. Да, интересно, не правда ли?

— Это вполне естественно, — сказала миссис Оливер. — Я хочу сказать, вы же знаете, что люди, то есть женщины, могут сильно портить вещи. Накладные волосы и прочее в этом роде. Если их не подновлять и не чистить, если они опалятся или их чем-то запачкают, в них будет нельзя выходить. Или если неудачно покрасишь волосы, ну или что-нибудь в этом роде, — то тогда, конечно, лучше иметь два новых парика или шиньона. Не понимаю, что вас так заинтриговало.

— Не то чтобы заинтриговало, — сказал Пуаро, — нет. Однако это ответ. Но еще более интересный ответ содержится в том, что вы только что добавили. Вы сказали, что парик, который нужно было скопировать или подогнать, принесла дама-француженка?

— Да. Как я поняла, компаньонка или что-то вроде того. Леди Рейвенскрофт была в больнице или какой-то лечебнице, не совсем здорова и не могла прийти сама, чтобы выбрать или рассказать, что она хочет.

— Понятно.

— И потому пришла француженка-компаньонка.

— А вы случайно не знаете, как звали эту компаньонку?

— Нет. Не думаю, что миссис Розенталь упоминала ее имя. Да и вряд ли она его знала. О встрече договаривалась леди Рейвенскрофт, а француженка, полагаю, только принесла парики, чтобы сделать замеры, подогнать или сделать что-то еще.

— Что ж, — сказал Пуаро, — это помогает мне сделать следующий шаг, который я теперь и сделаю.

— Но что *вы* узнали? — спросила миссис Оливер. — Вы что-нибудь *сделали*?

— Вы всегда так скептичны, — ответил Пуаро. — Вы считаете, что я ничего не делаю, что сижу в кресле и отдыхаю...

— Ну, я считаю, что вы сидите в кресле и думаете, — признала миссис Оливер, — но подозреваю, что вы не часто выходите из дому и что-то делаете.

— Думаю, в ближайшем будущем я все-таки выйду и что-то сделаю, — сообщил бельгиец, — и это вас порадует. Может быть, я даже пересеку пролив, хотя определенно не на пароходе. Пожалуй, на самолете.

— Вот как? Хотите, чтобы я тоже поехала с вами?

— Нет; думаю, в данном случае будет лучше, если я отправлюсь один.

— Вы в самом деле поедете?

— О да, да. Я начну бегать туда-сюда со всем возможным проворством, и вы будете мной довольны, мадам.

Повесив трубку, сыщик набрал другой номер, который нашел у себя в записной книжке.

На этот раз он соединился с человеком, с которым хотел поговорить.

— Мой дорогой суперинтендант Гарроуэй, это звонит Эркюль Пуаро. Я не слишком вам помешал? Вы не очень заняты в данный момент?

— Нет, я не занят, — ответил Гарроуэй. — Я обрезаю розы.

— Я хочу у вас кое-что спросить. Один маленький вопросик.

— Насчет проблемы с двойным самоубийством?

— Да, насчет этой нашей проблемы. Вы сказали, что в доме была собака. Сказали, что она пошла на прогулку вместе с Рейвенскрофтами или вы так поняли.

— Да, собака упоминалась. Думаю, она принадлежала или экономке, или кому-то, кто сказал, что они в тот день, как обычно, пошли гулять с собакой.

— При обследовании тела женщины были найдены какие-нибудь признаки, что ее кусала собака? Необязательно недавно или в тот самый день.

— Странно, что вы это говорите... Вряд ли я вспомнил бы такую вещь, если б вы не упомянули. Однако — да, была пара шрамов. Не очень серьезных. Но, опять же, экономка говорила, что собака не раз нападала на хозяйку и кусала ее, хотя и не сильно. Слушайте, Пуаро, никакого бешенства не было, если вы об этом подумали. Ничего такого быть не могло. В конце концов, леди Рейвенскрофт была застрелена — оба супруга были застрелены. Не может быть и вопроса о заражении или опасности столбняка.

— Я не обвиняю собаку, — сказал Пуаро. — Я просто хотел кое-что уяснить.

— Один укус был недавним, примерно недельной давности, я думаю, а другие говорят, что двухнедельной. Не было необходимости в каких-либо инъекциях или в чем-то таком. Укус зажил хорошо. Что это за цитата? — продолжил старший инспектор Гарроуэй: — «А околела псина»[1]. Не помню откуда, но...

— Не важно, умерла-то как раз не собака, — перебил его Пуаро. — Мой вопрос был не об этом. Я бы хотел познакомиться с той собакой. Наверное, это был очень умный пес.

Поблагодарив инспектора и повесив трубку, Пуаро пробормотал:

— Умный пес. Умнее, чем оказалась полиция.

---

[1] Цитата из «Элегии на смерть бешеной собаки» О. Голдсмита (*пер. А. Парина*). — *Прим. пер.*

Глава 17

ПУАРО ОБЪЯВЛЯЕТ ОБ ОТЪЕЗДЕ

Мисс Ливингстоун ввела гостя и объявила:

— Мистер Эркюль Пуаро.

Как только она удалилась, Пуаро закрыл за нею дверь, сел рядом со своей дорогой миссис Оливер и, чуть понизив голос, сказал:

— Я уезжаю.

— Вы *что*? — спросила миссис Оливер, которую всегда слегка удивляло, каким образом Пуаро передавал информацию.

— Я уезжаю. Отбываю. Лечу в Женеву.

— Вы говорите так, будто вы ООН, или ЮНЕСКО, или что-то в этом роде.

— Нет. Просто еду с частным визитом.

— У вас в Женеве слон?

— Ну, можно взглянуть на это и так. Возможно даже, два слона.

— Я больше ничего не накопала, — сказала миссис Оливер. — Даже не знаю, к кому еще пойти, чтобы разузнать что-то еще.

— Кажется, вы упоминали — или это упоминал кто-то другой, — что у вашей крестницы Селии есть младший брат.

— Да. Кажется, его зовут Эдвард. Я его почти не видела. Помнится, пару раз забирала из школы... Но это было много лет назад.

— И где он сейчас?

— Учится в университете. Кажется, в Канаде. Или проходит там курс по машиностроению. Вы хотите отправиться туда и спросить его о чем-то?

— Нет, не сейчас. Просто мне нужно знать, где он сейчас. Но, полагаю, он не был в том доме, где произошло то самоубийство?

— Уж не подумали ли вы — не подумали ли хоть на мгновение, — что это *его* рук дело? То есть что он застрелил обоих своих родителей?.. Знаю, мальчики иногда так делают. Они иногда очень странные, когда достигают определенного возраста.

— Его не было в доме, — сказал Пуаро. — Это я уже знаю из полицейских отчетов.

— Вы разузнали что-нибудь интересное? Вы выглядите таким возбужденным...

— Да, я в некотором роде возбужден. Я выяснил кое-что, что может пролить свет на то, что мы уже узнали.

— Пролить свет на что?

— Теперь мне кажется, я смогу понять, почему миссис Бёртон-Кокс подошла к вам и попыталась сделать так, чтобы вы добыли ей информацию об обстоятельствах самоубийства Рейвенскрофтов.

— Вы хотите сказать, что она не просто любит совать свой нос не в свое дело?

— Нет. Я думаю, у нее был какой-то мотив. И здесь, возможно, замешаны деньги.

— Деньги? Какое отношение имеют к этому деньги? Она достаточно богата, разве нет?

— Да, у нее есть на что жить. Однако ее приемный сын, которого она считает своим родным сыном, знает, что был усыновлен, но, похоже, ничего не знает о семье, в которой родился на самом деле. Похоже, что когда он достиг совершеннолетия, то написал завещание, вероятно, под давлением своей приемной матери. Возможно, ему просто намекнули ее друзья или какой-нибудь юрист, с которым она советовалась. Как бы то ни было, с наступлением совершеннолетия он мог почувствовать, что может оставить все ей, своей приемной матери. Предположительно в то время ему было больше некому завещать свое имущество.

— Не понимаю, как это связано с получением информации о самоубийстве.

— Не понимаете? Она хотела помешать его женитьбе. Если у молодого Десмонда есть девушка, если он в ближайшем будущем сделает ей предложение, как в наши дни делают многие молодые люди, они не будут долго ждать и обдумывать такое дело. В этом случае миссис Бёртон-Кокс не унаследует после него денег, поскольку брак лишит законной силы предыдущее завещание, и, вероятно, если Десмонд женится на своей девушке, то напишет новое завещание, оставляя все ей, а не своей приемной матери.

— И вы считаете, миссис Бёртон-Кокс не хотела этого?

— Она хотела найти что-нибудь, что помешает ему жениться на этой девушке. Думаю, она надеялась — и действительно полагала, — что мать Селии убила своего мужа, а потом застрелилась сама. Такое могло охладить пыл юноши. Даже если ее отец убил ее мать, это тоже был бы остужающий фактор. Это могло довольно легко повлиять на юношу такого возраста, вызвать в нем сомнения.

— Вы хотите сказать, он мог бы подумать, что отец или мать Селии — убийца, и у нее самой могут быть наклонности к убийству?

— Не так грубо, но основная идея, я думаю, могла быть такой.

— Но он же не богат? Приемный сын...

— Он не знает имени своей настоящей матери и того, кто она такая, но похоже, что его мать, актриса и поп-звезда, сумела сделать большие деньги, прежде чем заболела и умерла. Одно время она хотела вернуть себе сына, но, когда приемная мать не согласилась, она, наверное, много думала о своем мальчике и решила завещать свои деньги ему. Он унаследует их, когда ему исполнится двадцать пять, но до тех пор они лежат в трастовом фонде. Так что, конечно, миссис Бёртон-Кокс не хочет, чтобы он женился, или же ей нужно, чтобы он женился на ком-то, на кого она сможет оказывать влияние.

— Да, это кажется мне довольно логичным. Она ведь не очень приятная женщина, не так ли?

— Нет, мне миссис Бёртон-Кокс не показалась очень приятной женщиной, — сказал Пуаро.

— Вот почему она не хотела с вами видеться, не захотела, чтобы вы совались в это дело и выясняли, что она задумала.

— Возможно, — согласился сыщик.

— Вы узнали еще что-нибудь?

— Да, я узнал — всего несколько часов назад, когда мне позвонил суперинтендант Гарроуэй по другому мелкому вопросу, но я спросил его, и он сообщил, что экономка, которая была уже в годах, очень плохо видела.

— Это имеет какое-то значение?

— Может иметь, — сказал Пуаро и посмотрел на часы. — Похоже, мне пора.

— Вам пора в аэропорт, чтобы успеть на самолет?

— Нет, мой самолет улетает только завтра утром. Но мне нужно съездить сегодня в одно место — хочется увидеть его собственными глазами. У дома меня ждет машина, чтобы отвезти туда...

— Что вы хотите увидеть? — с некоторым любопытством спросила миссис Оливер.

— Не столько *увидеть*, сколько *прочувствовать*. Да, это правильное слово — прочувствовать и осознать, что за ощущение меня посетило...

Глава 18

ИНТЕРЛЮДИЯ

Эркюль Пуаро прошел через ворота церковного двора. Он походил по дорожкам, а через некоторое время остановился перед замшелой стеной и посмотрел на одну могилу. Постоял там несколько минут, сначала глядя на могилу, а потом на холмы Даунса[1] и море за ними. Потом его взгляд вернулся на могилу. Недавно кто-то положил на нее цветы — маленький букетик разных полевых цветов. Такой букетик мог собрать ребенок, но Пуаро не думал, что это так. Он прочитал надпись на могиле:

---

[1] Даунс — прибрежный район в графстве Сассекс. — *Прим. пер.*

*Памяти ДОРОТЕИ ДЖАРРОУ,
умершей 15 сентября 1960 года
А также
МАРГАРЕТ РЕЙВЕНСКРОФТ,
умершей 3 октября 1960 года,
сестры вышеупомянутой
А также
АЛИСТЕРА РЕЙВЕНСКРОФТА,
умершего 3 октября 1960 года,
ее мужа
Смерть их не разлучила*

*Прости нам наши прегрешения,
Как и мы прощаем тех, кто согрешил против нас
Господи, яви нам милость Свою
Христос, яви нам милость Свою
Господи, яви нам милость Свою*

Пуаро постоял там некоторое время, потом пару раз кивнул своим мыслям, после чего покинул кладбище и направился по дорожке, ведущей к скале и вдоль скалы. Там он снова постоял, глядя на море и разговаривая сам с собой:

— Теперь я знаю, что здесь случилось и почему. И понимаю всю печаль этой трагедии. Пришлось так далеко вернуться в прошлое... *В моем конце мое начало[1]*, или следует ска-

---

[1] Цитата из поэмы Т.С. Элиота «Ист Коукер». — *Прим. пер.*

зать по-другому? «В моем начале мой трагический конец»? Швейцарская девушка должна знать — но скажет ли она мне? Юноша считает, что скажет. Ради них — девушки и юноши. Они не могут жить спокойно, пока не узнают.

Глава 19

Мэдди и Зели

— Мадемуазель Рузель? — спросил Эркюль Пуаро и поклонился.

Мадемуазель Рузель протянула руку. «Ей около пятидесяти, — подумал Пуаро. — Довольно надменная женщина. Любит настоять на своем. Умная, интеллигентная, удовлетворенная прожитой жизнью, в которой наслаждалась радостями и переносила печали».

— Я слышала ваше имя, — сказала она. — Я знаю, у вас много друзей в этой стране и во Франции. Не знаю, что я могу сделать для вас... О да, вы объяснили в письме, которое мне прислали... Это дела минувших дней, не так ли? То, что случилось. Не совсем то, что случилось, но ключ к тому, что случилось много-много назад. Однако присаживайтесь. Да. Да, надеюсь, это кресло вполне удобно. На столе птифуры и графин.

Она была спокойна и гостеприимна без назойливости. В ней не было неловкости и виделось дружелюбие.

— Одно время вы были гувернанткой в одной семье, — сказал Пуаро. — У Престон-Греев. Возможно, вы теперь плохо это помните...

— Нет, знаете, то, что было в молодости, не забывается. В семье, которая меня наняла, были девочка и мальчик года на четыре-пять младше нее. Милые дети. Их отец стал генералом.

— И была другая сестра.

— Ах да, помню... Когда я только пришла, ее не было в семье. Думаю, она была очень болезненной, не отличалась крепким здоровьем и где-то лечилась.

— Вы помните, как их звали?

— Одну, помню, звали Маргарет. А вторую не уверена, что вспомню.

— Доротея.

— Ах да... Такое имя не часто встретишь. Но они звали друг друга Молли и Долли. Они были неразличимые близнецы, знаете, совершенно одинаковые. И обе очень красивые девушки.

— И они дружили?

— Да, были очень привязаны друг к другу. Но мы, кажется, немного сбились? Дети, которых я воспитывала, были не Престон-Греи. Доротея Престон-Грей вышла замуж за майора — не могу вспомнить его фамилию... Арроу? Нет, Джарроу. А Маргарет после замужества стала...

— Рейвенскрофт, — подсказал Пуаро.

— Да, так. Любопытно, как забываются имена и фамилии. Престон-Греи были старшим поколением. Маргарет Престон-Грей в юности была в пансионе в Европе и после своего замужества написала мадам Бенуа, которая заведовала пансионом, не знает ли та кого-нибудь, кто мог бы стать гувернанткой для ее детей. Мадам Бенуа порекомендовала меня. Так я туда и попала. О другой сестре я могу мало сказать — она лишь иногда останавливалась в семье во время моей службы гувернанткой у детей. Одним из детей была девочка, ей тогда было лет шесть-семь, с каким-то шекспировским именем, кажется, Розалинда или Селия.

— Селия, — сказал Пуаро.

— А мальчику было года три-четыре. Его звали Эдвард. Озорной, но хороший малыш. Я была с ними счастлива.

— Я слышал, что и они были с вами счастливы. Им очень нравилось играть с вами, а вы были очень добры, когда играли с ними.

— *Moi, j'aime les enfantes*[1], — сказала мадемуазель Рузель.

---

[1] Я люблю детей (*фр.*).

Надо полагать, в остальном Пуаро и мадемуазель Рузель разговаривали по-английски, хотя у обоих родным языком был французский.

— Кажется, они вас звали Мэдди.

Она рассмеялась.

— Ах, приятно снова услышать это имя... Оно вызывает воспоминания.

— А вы знали мальчика по имени Десмонд? Десмонд Бёртон-Кокс?

— Ах да... Он жил, кажется, в соседнем доме или где-то поблизости. У нас было несколько соседей, и дети часто играли вместе. Его звали Десмонд. Да, я помню.

— Вы долго там работали, мадемуазель?

— Нет, всего три или четыре года, не больше. Потом мне пришлось снова вернуться в Швейцарию. Моя мать была очень больна. Нужно было ухаживать за ней, хотя я понимала, что это, наверное, не продлится долго. Так и оказалось. Она умерла через полтора-два года после моего возвращения. Потом я организовала небольшой пансион здесь, куда набирала девочек постарше, которые хотели изучать языки и прочие предметы. Больше я не приезжала в Англию, хотя пару лет поддерживала старые связи. Те двое детей присылали мне рождественские открытки.

— А генерал Рейвенскрофт и его жена показались вам счастливой парой?

— Очень счастливой. И очень любящей своих детей.

— Они хорошо подходили друг другу?

— Да, мне казалось, они обладали всеми необходимыми качествами, чтобы брак их был счастливым.

— Вы сказали, что леди Рейвенскрофт была привязана к своей сестре. А та была так же привязана к ней?

— Ну, не могу судить. Честно говоря, я думала, что у второй сестры — Долли, как ее звали — определенно было психическое расстройство. Пару раз она вела себя явно неадекватно. Она была ревнива, наверное, и, похоже, как-то раз решила, что помолвлена или собирается обручиться с генералом Рейвенскрофтом. Насколько я знала, Долли когда-то была в него влюблена, но потом, однако, его чувства обратились на ее сестру — и я подумала, что к счастью, потому что Молли Рейвенскрофт была уравновешенной и очень милой женщиной. Что касается Долли, иногда мне казалось, что она обожает сестру, а порой — что ненавидит. Она была очень ревнива и решила, что сестра слишком много внимания уделяет детям. Кое-кто может рассказать вам об этом лучше, чем я. Мадемуазель Моура́. Она живет в Лозанне и поступила к Рейвенскрофтам примерно через полтора-два года после того, как мне пришлось от них уйти. Она прожила у них несколько лет, а потом, кажется, снова вернулась к ним как компаньонка леди Рейвенскрофт, когда Селия училась в школе за границей.

— Я собираюсь увидеться с ней. У меня есть ее адрес, — сказал Пуаро.

— Ей известно многое, чего я не знаю, и она очаровательный и надежный человек. То, что произошло потом, было ужасной трагедией. Если кто-то и знает, что к ней привело, то это она. Мадемуазель Моура очень осмотрительна и ничего мне не говорила; скажет ли вам — не знаю. Может быть, да, а может быть, нет.

* * *

Пуаро несколько мгновений рассматривал мадемуазель Моуру. Она произвела на него не меньшее впечатление, чем мадемуазель Рузель. Не такая яркая, много моложе, лет на десять, подумал он, и производимое ею впечатление было совсем другим. Это была живая, все еще привлекательная женщина, и ее глаза смотрели на тебя и выносили свое суждение; они смотрели призывно и дружелюбно на тех, кто попадался на пути, но без неуместной мягкости. «Это замечательная женщина», — подумал Пуаро.

— Меня зовут Эркюль Пуаро, мадемуазель, — сказал он.

— Знаю. Я ожидала вас сегодня или завтра.

— Вы получили мое письмо?

— Нет. Оно наверняка еще на почте. Наша почта немного капризна... Нет, я получила письмо от кое-кого другого.

— От Селии Рейвенскрофт?

— Нет. От кое-кого, близкого Селии. От юноши или молодого человека, как вам больше нравится, по имени Десмонд Бёртон-Кокс. Он подготовил меня к вашему визиту.

— Ага, понятно... Похоже, он сообразителен и не теряет времени. Он очень хотел, чтобы я с вами увиделся.

— Так я и поняла. Кажется, у него какое-то затруднение, которое он хочет уладить. Он и Селия думают, что вы можете помочь?

— Да, а также думают, что *вы* можете помочь *мне*.

— Они влюблены друг в друга и хотят пожениться.

— Да, но им строят препятствия.

— А... догадываюсь, что это мать Десмонда. Он дал мне понять.

— В жизни Селии есть некоторые обстоятельства — точнее, были, — которые настраивают его мать против раннего брака с этой конкретной девушкой.

— Из-за той трагедии — ведь это была трагедия...

— Да, из-за той трагедии. У Селии есть крестная, и мать Десмонда попросила ее попытаться выяснить точные обстоятельства, при которых случилось то самоубийство.

— Это бессмысленно, — сказала мадемуазель Моура и сделала жест рукой. — Садитесь. Пожалуйста, сядьте. Думаю, наш разговор займет какое-то время. Да, Селия ничего не могла сказать своей крестной... миссис Ариадне Оливер, она ведь писательница? Да, помню. Селия не могла рассказать ей о тех обстоятельствах, потому что сама не знала их.

— Ее не было там, когда случилась трагедия, и никто не рассказывал ей, верно?

— Да, верно. Это представлялось нежелательным.

— Да, верно... А как вы относитесь к этому решению? Одобряете его или нет?

— Трудно сказать. Очень трудно. Я не смогла решить этого за все прошедшие после годы, а их прошло немало. Селию, насколько я знаю, никогда это не волновало. То есть не волновало, почему и зачем. Она восприняла это, как восприняла бы авиа- или автокатастрофу. Просто как нечто, приведшее к смерти родителей. Она много лет провела в пансионе за границей.

— Сдается мне, что этим пансионом заведовали вы, мадемуазель Моура...

— Совершенно верно. Я недавно оставила эту работу. Теперь им заведует одна моя коллега. Но Селию послали ко мне и попросили найти ей хорошее место для продолжения образования; многие девушки приезжают в Швейцарию за этим. Я могла порекомендовать несколько мест. Но в тот момент взяла ее к себе.

— И Селия ничего у вас не спрашивала, не требовала?

— Нет. Видите ли, это было до того, как случилась трагедия.

— О! Вот это я не совсем понял.

— Селия приехала сюда за несколько недель до тех трагических событий. Меня самой тогда здесь не было. Я тогда еще была у генерала и леди Рейвенскрофт. Я присматривала за последней, скорее выполняя роль ее компаньонки, чем гувернантки у Селии, которая в то время оставалась в интернате в Англии. Но внезапно было решено, что Селия отправится в Швейцарию и закончит образование там.

— У леди Рейвенскрофт была какая-то болезнь, верно?

— Да. Ничего особо серьезного. Ничего столь серьезного, чего она одно время страшилась. Но она пережила много потрясений, нервного напряжения и всяких тревог.

— Вы оставались с ней?

— Селию встретила одна из моих сестер, жившая в Лозанне, и устроила ее в заведение, где училось всего пятнадцать или шестнадцать девочек. Там она начала свое обучение и ждала моего возвращения. Я вернулась через три-четыре недели.

— Но когда все это случилось, вы были в Оверклиффе.

— Я была в Оверклиффе. Генерал и леди Рейвенскрофт, как обычно, пошли на прогулку. Вышли — и не вернулись. Их нашли мертвыми, застреленными. Оружие лежало рядом. Это был один из револьверов генерала Рейвенскрофта, он всегда держал его в ящике стола у себя в кабинете. На оружии нашли отпечатки пальцев обоих, чуть смазанные. Не было никаких признаков, позволявших определить, кто держал его последним. Очевидное заключение гласило: двойное самоубийство.

— И у вас нет причин сомневаться в этом?

— Полиция не нашла причин, и я поверила им.

— Ага! — сказал Пуаро.

— Простите? — не поняла мадемуазель Моура.

— Ничего, ничего. Просто кое о чем подумал.

Сыщик посмотрел на нее. Каштановые волосы, едва тронутые сединой, плотно сжатые губы, серые глаза, не выражающее никаких чувств лицо. Она полностью владела собой.

— Значит, вам больше нечего мне сказать?

— Боюсь, что нечего. Это было так давно...

— Вы довольно хорошо помните то время.

— Да. Такое печальное событие из головы не выкинешь.

— И вы согласились, что Селии не следует говорить ничего о том, что привело к этой беде?

— Разве я не сказала вам только что, что у меня больше нет никаких сведений?

— Вы были там, жили в Оверклиффе какое-то время до трагедии, не так ли? Четыре или пять недель — может быть, шесть...

— На самом деле дольше. Хотя до того я была гувернанткой Селии, в этот раз, когда она отправилась в пансион, я вернулась, чтобы помогать леди Рейвенскрофт.

— Сестра леди Рейвенскрофт тоже жила у нее в это время, не так ли?

— Да. До того она была в больнице, проходя какое-то время специальный курс лечения. Но ее состояние настолько улучшилось, что специалисты — я имею в виду врачей — решили, что ей лучше вести нормальную жизнь среди своих родных, в домашней атмосфере. Когда Селия отправилась в пансион, леди Рейвенскрофт показалось, что вполне можно пригласить сестру пожить у нее.

— Они любили друг друга, эти две сестры?

— Было трудно понять, — сказала мадемуазель Моура и сдвинула брови, как будто вопрос Пуаро вызвал у нее интерес. — Знаете, я задумывалась об этом. Часто задумывалась в то время и после. Вы знаете, они были однояйцевые близнецы, между ними была какая-то связь, связь взаимной зависимости и любви, и во многих отношениях они были очень похожи. Но кое в чем различались.

— Что вы имеете в виду? Я был бы рад узнать, в чем именно.

— О, это не имеет никакого отношения к той трагедии. Ничего такого. Но существовал определенный, я бы сказала, определенный физический или психический изъян — назовите как хотите, — и теперь некоторые придерживаются теории, что у всякого психического расстройства есть какая-то физическая причина. Думаю, это признается почти всем медицинским сообществом, что однояйцевые близнецы чаще всего рождаются с глубокой привязанностью друг к другу, с очень схожими характерами, и это означает, что в каких бы различных условиях они ни воспитывались, в одно и то же время их жизни с обоими случается одно и то же. Медицинские примеры этого кажутся совершенно изумительными. Две сестры — одна, скажем, во Франции, а другая в Англии — заводят собаку одной и той же породы примерно в одно и то же время. Выходят замуж за необычайно похожих мужчин. Рожают детей с разницей во времени меньше месяца. Как будто следуют какой-то программе, где бы ни находились, не зная, что делает другая сестра. Но есть и противоположные случаи. Какая-то неприязнь, почти ненависть, разводит сестер, или братья отвергают друг друга, как будто стараются избавиться от одинаковости, схожести, знания друг друга — от всего, что у них общего. И это приводит к очень странным результатам.

— Знаю, — сказал Пуаро. — Я слышал про это. И пару раз видел. Любовь переходит в ненависть очень легко. Когда любишь, легче начать ненавидеть, чем стать равнодушным.

— Ага, вы это знаете, — сказала мадемуазель Моура. — А я не раз видела это.

— Леди Рейвенскрофт была очень похожа на сестру?

— Я думаю, она по-прежнему была похожа внешне, хотя, если можно так сказать, выражение ее лица очень отличалось. Долли находилась в постоянном напряжении, а леди Рейвенскрофт — нет. Долли испытывала отвращение к детям, не знаю почему. Возможно, в молодости у нее был выкидыш. Возможно, она очень хотела ребенка и не могла родить, но у нее была словно какая-то обида на детей. Неприязнь к ним.

— И это привело к одному или двум серьезным происшествиям, не так ли? — сказал Пуаро.

— Кто-то вам сказал это?

— Я слышал это от людей, знавших обеих сестер, когда они были в Малайе. Леди Рейвенскрофт была там со своим мужем, и ее сестра Долли жила там у них. Там произошел несчастный случай с ребенком, и подумали, что Долли могла быть к нему причастна. Ничего определенного доказано не было, но я знаю, что муж Молли после этого отослал свою своячeницу в Англию, где та снова попала в психиатрическую лечебницу.

— Да, думаю, это очень хорошая оценка того, что произошло. Конечно, я не могу судить, не зная сама...

— Но есть вещи, которые вы знаете сами.

— Даже если и так, я не вижу причин вспоминать о них сейчас. Не лучше ли оставить их в покое, когда с ними, по крайней мере, смирились?

— В этот день в Оверклиффе могло случиться кое-что еще. Может быть, это было двойное самоубийство — а могло быть и убийство, или даже несколько других вариантов. Вам сообщили, что случилось, но из одной только что сказанной вами фразы я понял: вы знаете, что произошло в тот день, и, думаю, знаете, что происходило — или, скажем так, начало происходить — за несколько недель до него. В то время, когда Селия отправилась в Швейцарию, а вы все еще оставались в Оверклиффе. Я задам вам один вопрос — не о том, что вам известно, а о том, как вы считаете. Какие чувства питал генерал Рейвенскрофт к тем двум сестрам, сестрам-близнецам?

— Я понимаю, что вы имеете в виду.

Впервые ее манеры слегка изменились. Она больше не была настороженной, а подалась вперед и говорила с Пуаро так, будто этот разговор определенно приносил ей облегчение.

— Они обе были очень красивы, — сказала мадемуазель Моура, — и выглядели очень молодо. Я слышала это от многих. Генерал Рейвенскрофт влюбился в Долли, в сестру с психическим расстройством. Несмотря на свою ненормальность, она была чрезвычайно привлекательна — сексуально привлекательна. Он ее страстно любил... а потом то ли открыл в ней какие-то черты... нечто такое, что, возможно, встревожило его или вызвало какое-то отвращение... Возможно, он увидел в ней начинающееся безумие и связанную с ним опасность... И его чувства перешли на ее сестру. Он влюбился в ее сестру и женился на ней.

— Вы хотите сказать, что он любил обеих. Не в одно и то же время, но в обоих случаях это была настоящая любовь.

— О да, он был очень привязан к Молли, доверял ей, а она — ему. Он был очень привлекательный мужчина.

— Простите меня, — сказал Пуаро, — я думаю, что и вы любили его.

— Вы... вы смеете говорить это мне?

— Да. Смею говорить это вам. Я не утверждаю, что у вас с ним был роман, ничего такого. Я только говорю, что вы его любили.

— Да, — признала Зели Моура. — Я любила его. В каком-то смысле. И по-прежнему люблю его. Этого нечего стыдиться. Он доверял мне и полагался на меня, но никогда не был в меня влюблен. Можно любить и служить — и все же быть счастливой. Я не хотела большего, чем имела. Доверие, сочувствие, веру в меня...

— И вы сделали, что могли, чтобы помочь ему в страшном кризисе, который случился в его жизни. Это то, о чем вы не хотите мне рассказывать. И я сам расскажу это вам — то, что я заключил из разных дошедших до меня сведений и о чем знаю. Прежде чем приехать к вам, я беседовал с другими — с теми, кто знал не только леди Рейвенскрофт, не только Молли, но и Долли. И я знаю кое-что о Долли, трагедию ее жизни, горе, несчастье, а также ненависть, возможно, порывы злобы, тягу к разрушению, которая может передаваться по наследству. Если она любила мужчину, с которым была помолвлена, она должна была, когда он женился на ее сестре, испытать ненависть к этой сестре. Возможно, она никогда до конца не простила ее.

Но что же Молли Рейвенскрофт? Любила ли она сестру? Или ненавидела ее?

— О нет, — сказала Зели Моура, — она любила сестру. Она любила ее глубоко и заботилась о ней. Это я знаю. Это она всегда просила, чтобы сестра приехала и пожила у них. Она хотела спасти сестру от ее несчастья и от опасности, потому что у той часто случались рецидивы, приступы довольно опасной ярости... Ну, вы достаточно знаете. Я уже говорила, что у Долли была странная неприязнь к детям.

— Вы хотите сказать, что она не любила Селию?

— Нет, нет, не Селию. Другого ребенка, Эдварда. Младшего. Эдвард дважды подвергался опасности. Один раз копаясь в машине и другой раз, когда у нее случился припадок раздражения. Я знаю, Молли была рада, когда Эдвард вернулся в интернат. Он был еще маленький, помню, много младше Селии. Ему было всего восемь или девять, он учился в начальной школе. И он был очень уязвим. Молли боялась за него.

— Да, — сказал Пуаро, — я понимаю это. А теперь, если можно, поговорим о париках. О париках. О ношении париков. Четырех париков. Это многовато для одной женщины. Я знаю, как они выглядели, на что были похожи. Я знаю, что, когда потребовалось еще два парика, какая-то француженка ездила в магазин в Лондоне и заказывала их. И еще была собака. Собака, которая в день трагедии пошла на прогулку вместе с генералом Рейвенскрофтом и его женой. Раньше, незадолго до того, эта собака покусала хозяйку, Молли Рейвенскрофт.

— Собаки — они такие, — сказала Зели Моура. — Им никогда нельзя доверять. Да, я знаю.

— А я расскажу вам, что, по-моему, случилось в тот день и что происходило чуть раньше. Какое-то не очень длительное время до того.

— А если я не буду вас слушать?

— Вы выслушаете меня. Вы можете сказать, что все это я придумал. Да, вы можете так сказать, но не думаю, что скажете. Говорю вам — и верю всем сердцем, — что в первую очередь здесь нужна правда. Это не просто мое воображение, не просто догадки. Есть девушка и юноша, которые любят друг друга и боятся будущего из-за того, что могло случиться — и что могло передаться от отца или матери ребенку. Я говорю о девушке, о Селии. О непослушной девушке, яркой, возможно, трудной и непокладистой, но умной, целенаправленной, способной быть счастливой, способной на мужество; но которой нужна — есть такие люди — которой нужна правда. Потому что эти люди могут взглянуть на правду без ужаса. Они могут встретить ее с той смелой покорностью, которая нужна в жизни, если хочешь, чтобы она не была для тебя ужасна. И юноша, которого Селия любит, тоже хочет этого для нее. Вы выслушаете меня?

— Да, — сказала Зели Моура. — Я вас слушаю. Думаю, вы очень многое понимаете и, похоже, знаете больше, чем я могла вообразить. Говорите, а я послушаю.

Глава 20

Доклад следственной группы

И снова Эркюль Пуаро стоял на утесе, глядя вниз на бьющиеся о скалы морские волны. Здесь были найдены тела мужа и жены. А за три недели до этого здесь женщина очнулась ото сна и, упав вниз, разбилась насмерть.

«Почему это произошло?» — спрашивал суперинтендант Гарроуэй.

Почему? Что привело к этому? Сначала несчастный случай — а через три недели двойное самоубийство... У старых грехов длинные тени. Какое-то начало привело к трагическому концу.

Сегодня здесь будет свидание. Юноши и девушки, которые искали правду. И двоих людей, которые знают правду.

Эркюль Пуаро отвернулся от моря и пошел назад по узкой тропинке, ведущей к дому, который когда-то назывался Оверклифф.

Дом был недалеко. Пуаро увидел поставленные у стены машины. Увидел очертание дома на фоне неба. Дом явно пустовал и требовал ремонта, его следовало заново покрасить. На нем висело объявление агента по недвижимости, говорящее, что «этот превосходный дом продается». На воротах название «Оверклифф» было зачеркнуто и написано новое — «Даун-Хаус». Пуаро направился навстречу двоим, идущим к нему. Это были Десмонд Бёртон-Кокс и Селия Рейвенскрофт.

— Я получил сообщение от агента по недвижимости, — сказал Десмонд, — что нам нужно провести осмотр, или как это называется. На случай, если мы пойдем внутрь, я взял ключи. За последние пять лет дом дважды менял владельцев. Но там ведь теперь нечего осматривать?

— Я так не думаю, — сказала Селия. — В конце концов, он принадлежал многим людям. Сначала его купила семья по фамилии Арчер, а потом, кажется, какой-то Феллоуфилд. А теперь он снова выставлен на продажу. Возможно, в нем завелось привидение...

— Ты в самом деле веришь в привидения? — спросил Десмонд.

— Ну, на самом деле, конечно, не верю, но ведь что-то такое могло быть? То есть из-за всего случившегося, такое место и все прочее...

— Я так не думаю, — сказал Пуаро. — Здесь обитали Печаль и Смерть, но здесь была также Любовь.

На дороге показалось такси.

— Наверное, это миссис Оливер, — сказала Селия. — Она сказала, что приедет на поезде, и взяла на станции такси.

Из такси вылезли две женщины. Одной была миссис Оливер, а с нею прибыла высокая, элегантно одетая дама. Пуаро знал, что она приедет, и потому не был удивлен. Он наблюдал за реакцией Селии.

— О! — воскликнула та и бросилась к ней; ее лицо просветлело. — Зели! Это Зели? Это в самом деле Зели! О, как я рада... Я не знала, что вы приедете.

— Меня попросил мистер Эркюль Пуаро.

— Понятно, — сказала Селия. — Да, да, думаю, что я поняла. Но я... Я не... — Она запнулась и повернулась к красивому юноше рядом. — Десмонд, это... Это ты?

— Да, это я написал мадемуазель Моура — Зели, если можно по-прежнему называть ее так.

— Вы оба можете всегда так меня называть, — сказала Зели. — Я была не уверена, что хочу приехать, не знала, будет ли это разумно. И до сих пор не знаю, но, надеюсь, это так.

— Я хочу *знать правду*, — сказала Селия. — Мы оба хотим знать. Десмонд думал, что вы можете что-то нам рассказать.

— Ко мне приехал месье Пуаро, — сказала Зели, — и уговорил меня приехать сегодня сюда.

Селия взяла миссис Оливер под руку.

— Я хотела, чтобы и вы приехали, потому что все началось с вас, не так ли? Вы привлекли месье Пуаро и кое-что разузнали сами, верно?

— Мне кое-что рассказали, — сказала миссис Оливер, — рассказали люди, которые, я думала, что-то помнят. Некоторые из них действительно помнили. Одни запомнили верно, другие — нет. Это меня запутало. Но месье Пуаро говорит, что на самом деле это не важно.

— Нет, — сказал Пуаро, — но важно отличать слухи от реального знания. Потому что от человека можно узнать факты, — даже если он излагает недостоверные факты или они не несут в себе объяснения, которого ты ожидаешь. С теми знаниями, которые вы получили от меня, мадам, и от людей, обозначенных вами как слоны... — Он еле заметно улыбнулся.

— Слоны?! — воскликнула мадемуазель Зели.

— Так она назвала их, — повторил Пуаро.

— Слоны умеют помнить, — объяснила миссис Оливер. — С этой идеи все и началось. И люди тоже, как и слоны, могут помнить происшедшее много лет назад. Не всё, конечно, но обычно *что-то* помнят. Таких оказалось много. Я передала все услышанное месье Пуаро, и он — он, так сказать... Если б он был врачом, я бы, наверное, сказала, что он поставил диагноз.

— Я составил список, — сказал сыщик. — Список всего, что, как мне показалось, могло указать на происшедшее много лет назад. Я прочту вам несколько пунктов, и вы, те, кого это касается, увидите, имеют ли они какое-то значение для вас. Вы можете не увидеть в них ничего важного, а может быть, и наоборот.

— Я хочу знать, — сказала Селия, — было это самоубийство или же убийство. Может быть, кто-то — кто-то третий — убил обоих моих родителей, застрелил их по какой-то неизвестной нам причине, имея какой-то мотив? Я всегда задумывалась над тем, как все было на самом деле. Это трудно, но...

— Я думаю, мы останемся здесь, — сказал Пуаро. — Не будем пока заходить в дом. Там жили другие люди, и сейчас в нем другая атмосфера. Возможно, мы войдем, если захотим, когда закончим доклад следственной группы.

— Доклад следственной группы? — спросил Десмонд.

— Да. Доклад о том, что случилось.

Пуаро двинулся к железным скамейкам, что стояли под большой магнолией у дома, и достал из принесенной с собой папки исписанный лист бумаги.

— По-вашему, как это произошло? — спросил он у Селии. — Выбор ясен: самоубийство или убийство.

— Одно из двух, — сказала она.

— Должен вам сказать, что верны оба предположения, но не только эти два. По-моему, здесь имело место и убийство, и самоубийство, но я бы мог назвать это и казнью, а также трагедией. Трагедией двух людей, которые любили друг друга и умерли ради любви. Трагедия любви не всегда случается с Ромео и Джульеттой, необязательно муки любви испытывают только молодые, готовые умереть за нее. Нет. И не только это.

— Не понимаю, — сказала Селия.

— Пока.

— А пойму?

— Думаю, да, — сказал Пуаро. — Я расскажу, что, по-моему, случилось, и объясню, как я пришел к этому. Первое, что меня поразило, — это вещи, не нашедшие объяснения при рассмотрении их полицией. Некоторые были вполне обычными и не свидетельствовали, надо думать, ни о чем. Но среди вещей умершей Маргарет Рейвенскрофт было четыре парика. — Он повторил с ударением: — *Четыре* парика, — и посмотрел на Зели.

— Она не носила парик все время, — сказала та. — Только иногда. Если путешествовала, или если вдруг растрепалась и нужно было быстро привести себя в порядок, или иногда надевала один, подходящий для выхода куда-нибудь вечером.

— Да, — сказал Пуаро, — в то время это было довольно модно. Путешествуя за границу, люди обычно брали с собой парик или два. Но у миссис Рейвенскрофт было *четыре*. Четыре парика, как мне кажется, это многовато. И я задумался, зачем ей было нужно столько. По словам полицейских, которых я расспрашивал, у нее не было признаков облысения, ее волосы были в полном порядке для женщины ее возраста. И все же я задумался. Потом я узнал, что у одного парика была седая прядь. Мне сказала об этом ее парикмахерша. А у одного парика были мелкие кудряшки. Вот этот парик и был на ней в день смерти.

— Это что-то значит? — спросила Селия. — На ней мог быть любой из них.

— Мог. Я также узнал, что, как сказала полиции экономка, почти все время в последние недели перед смертью Маргарет Рейвенскрофт носила именно этот парик. Похоже, это был ее любимый.

— Не вижу...

— Также я вспомнил поговорку, которую произнес инспектор Гарроуэй: «Тот же человек, но в другой шляпе». Это заставило меня бешено думать.

— Не вижу... — повторила Селия.

Пуаро продолжал:

— Также было свидетельство собаки...

— Собаки? Что сделала собака?

— Собака укусила ее. Про собаку говорили, что она была очень привязана к своей хозяйке — но в последние недели ее жизни не раз набрасывалась на хозяйку и довольно серьезно кусала ее.

Десмонд уставился на него:

— Вы хотите сказать, собака знала, что она собирается покончить с собой?

— Нет, все гораздо проще.

— Я не...

— Нет, она знала то, чего, похоже, больше никто не знал, — продолжал Пуаро. — Она знала, что это не ее хозяйка. Она была похожа на хозяйку — подслеповатая и тугая на ухо экономка видела женщину, одетую, как Молли Рейвенскрофт, и в самом узнаваемом ее парике, с мелкими кудряшками по всей голове. Экономка сказала только, что в последние несколько недель жизни у хозяйки изменились манеры. Гарроуэй говорил: «Тот же человек, но в другой шляпе». И тогда мне в голову пришла мысльубеждение: тот же *парик*, но на другой *женщине*. Пес знал — ему подсказал его нос, — что это другая женщина, не та, которую он любил, а та, которую не любил и боялся. И, предположив, что это была не Молли Рейвенскрофт, я подумал, кто же это мог быть? Может быть, Долли — ее сестра-близнец?

— Но это невозможно, — сказала Селия.

— Нет, это не было невозможно. В конце концов, вспомните, что они были близнецы. Теперь я должен приступить к той информации, которую в мое распоряжение предоставила миссис Оливер. Что люди рассказывали или внушали ей. Что ей сказали про леди Рейвенскрофт. Якобы та незадолго до того была в больнице или частной клинике и что она, возможно, знала, что у нее рак, — или думала так. Однако медицинское освидетельствование этого не обнаружило. Она могла по-прежнему так думать, но дело было не в этом. Потом я понемногу узнал раннюю историю двух сестер, которые были очень привязаны друг к другу, как это бывает у близнецов, которые все делают одинаково, одеваются одинаково, с ними случается одно и то же, они заболевают в одно и то же время, женятся и выходят замуж примерно в одно и то же время. И вот наступает момент, когда они больше не хотят делать все одинаково, а желают быть разными. Разными, насколько это возможно. И между ними даже возникает определенная неприязнь. Более того, для этого в прошлом была причина. Алистер Рейвенскрофт в молодости влюбился в Доротею Престон-Грей, старшую из близнецов. Но потом его чувства перенеслись на другую сестру, Маргарет, на которой он и женился. Несомненно, это вызвало ревность, которая привела к отчужденности между сестрами. Маргарет продолжала нежно любить Доротею, но та больше не была привязана к сестре. Мне показалось, что это многое объясняет.

Доротея была трагической фигурой. Не по своей вине, а по случайности генов, рождения, унаследованных черт она была психически неуравновешенна. В довольно раннем возрасте по какой-то невыясненной причине у нее возникла неприязнь к детям. Есть все основания полагать, что какой-то ребенок умер в результате ее действий. Этому не было достаточных свидетельств, но их хватило, чтобы доктор посоветовал ей пройти курс лечения, и несколько лет она лечилась в психиатрической клинике. Когда доктора решили, что Доротея излечилась, она вернулась к нормальной жизни, часто приезжала к сестре и жила у нее; и когда та с мужем уехали в Малайю, присоединилась к ним. И там снова произошел несчастный случай. С соседским ребенком. И снова не было явных доказательств, и снова были подозрения, что к этому причастна Доротея. Генерал Рейвенскрофт отправил ее в Англию, и она снова попала в психиатрическую клинику. И снова якобы излечилась, и снова ее выписали и сказали, что она может вернуться к нормальной жизни. На этот раз Маргарет надеялась, что все будет хорошо, и думала, что сестра может жить у них, чтобы они могли внимательно наблюдать, не появятся ли признаки психического заболевания. Не думаю, что генерал Рейвенскрофт одобрил это. Думаю, он был убежден, что, подобно тому как кто-то рождается с деформированными конечностями или каким-то уродством, у нее в некотором роде деформирован мозг, который может время от времени проясняться, и что за ней нужно постоянное наблюдение, чтобы уберечь ее от самой себя, дабы не допустить какой-нибудь трагедии.

— То есть вы имеете в виду, что это она застрелила обоих Рейвенскрофтов? — спросил Десмонд.

— Нет, — ответил Пуаро, — я так не думаю. Я думаю, что Доротея убила свою сестру Маргарет. Они вместе шли по краю скалы, и Доротея столкнула Маргарет вниз. Спящая ненависть и обида на сестру, которая, хотя и любила ее, но была нормальна и здорова, оказались сильнее ее. Ненависть, ревность, стремление убивать вышли на поверхность и возобладали над ней. Думаю, лишь один человек был там в это время и знал, что случилось. Думаю, это были вы, мадемуазель Зели.

— Да, — признала Зели Моура, — я знала. Я была там в это время. Рейвенскрофты тревожились за нее. Они начали тревожиться, когда увидели ее попытку поранить их маленького сына Эдварда. Того отослали обратно в интернат, а Селия отправилась в мой пансион. Убедившись, что Селия устроена, я вернулась сюда. Когда в доме никого не осталось, кроме меня, генерал Рейвенскрофт, Доротея и Маргарет успокоились. А потом вдруг случилось *это*. Две сестры ушли вместе, а вернулась одна Долли. Она была в странном возбужденном состоянии. Пришла и села за чайный столик. И тогда генерал Рейвенскрофт заметил, что у нее рука в крови. Он спросил, не упала ли она, а она сказала: «О нет, это ничего. Пустяки. Я поцарапалась о розовый куст». Но в дюнах не было розовых кустов. Это было совершенно глупое объяснение, и мы встревожились. Если б она сказала про куст утесника, мы бы еще приняли ее объяснение. А тут генерал Рейвенскрофт вышел, и я пошла за ним. Он все повторял на ходу: «Что-то случилось с Маргарет. Я уверен, что-то случилось с Молли». Мы нашли ее на выступе скалы. Она разбилась о камни. Она была еще жива, но потеряла много крови. Сначала мы не знали, что делать. Мы не смели шевелить ее. Нужно было позвать доктора, мы сразу это поняли, но, прежде чем успели что-то сделать, она прижалась к мужу и сказала, еле дыша: «Да, это Долли. Она не соображала, что делает. Не *знала*. Вы не должны заставлять ее страдать за это. Она никогда не понимала, что делает и почему. Она не может с этим справиться. Никогда не могла. Ты должен пообещать мне, Алистер. Кажется, я умираю. Нет... нет, мы не успеем позвать доктора, и он все равно ничего не сможет. Я долго пролежала здесь, истекая кровью, и скоро умру, я знаю. Но обещай мне. Обещай мне, что спасешь ее. Обещай, что не вызовешь полицию, чтобы арестовать ее. Обещай, что ее не будут судить за то, что она убила меня, не посадят в тюрьму как преступницу. Спрячь меня где-нибудь, чтобы мое тело не нашли. Пожалуйста, пожалуйста, это моя последняя просьба к тебе, кого я любила сильнее всего на свете. Если б я могла жить для тебя, я бы осталась жить, но я не могу. Я чувствую. Я немножко отползла, но это все, что я смогла. Обещай мне. И ты, Зели, ты тоже меня любишь. И ты любила детей, так что *должна* спасти Долли. Вы должны спасти несчастную Долли. Пожалуйста, пожалуйста. Ради всей любви между нами Долли должна спастись».

— И что потом? — спросил Пуаро. — Что вы сделали? Мне кажется, что вы должны были...

— Да. Она умерла. Умерла минут через десять после тех слов, и я помогла ему. Помогла спрятать ее тело. Чуть подальше от скалы. Мы отнесли ее туда, где были камни, и спрятали ее тело, как могли. Туда не было тропинки и никакого прохода. Пришлось карабкаться. Мы положили ее туда. А Алистер все повторял, опять и опять: «Я обещал ей. Я должен сдержать свое слово. Не знаю, как это сделать, как кто-то может ее спасти. Но...»

В общем, мы сделали это. Долли была дома. Она была перепугана, отчаянно перепугана — но в то же время ее лицо выражало какое-то жуткое удовлетворение. Она сказала: «Я всегда знала, много лет, что Молли на самом деле злая. Она отняла у меня тебя, Алистер. Ты принадлежал мне — но она отобрала тебя у меня и заставила жениться на себе, я всегда это знала. А теперь я боюсь. Что они со мной сделают? Что скажут? Я не выдержу, если меня снова запрут. Я не выдержу, не выдержу. Я сойду с ума. Вы не дадите меня запереть. Они заберут меня и скажут, что я виновна в убийстве. А я не убийца. Я просто должна была это сделать. Иногда я должна что-то делать. Я хотела увидеть кровь. Однако я не могла видеть, как Молли умирает. Я убежала. Но я знала, что она умрет. Я только надеялась, что вы ее не найдете. Она упала со скалы. Люди скажут, что это был несчастный случай».

— Какая ужасная история, — сказал Десмонд.

— Да, — согласилась Селия, — ужасная, но лучше ее знать, верно? Я не могу даже пожалеть ее. То есть мою мать. Я знаю, что она была милая. Знаю, что в ней не было ни капельки зла — она была насквозь доброй, — и я знаю, могу понять, почему мой отец не захотел жениться на Долли. Он захотел жениться на моей матери, потому что полюбил ее, а про Долли к тому времени узнал, что с ней что-то не так. Что в ней есть что-то плохое и извращенное... Но как — как вы все это сделали?

— Мы очень много лгали, — сказала Зели. — Мы надеялись, что тело не найдут, чтобы позднее, ночью, перенести его туда, где это могло бы выглядеть, как будто она упала со скалы в море. Но потом придумали историю про хождение во сне. Все оказалось довольно просто. Алистер сказал: «Да, это страшно. Но я обещал — я поклялся Молли, когда она умирала. Я поклялся, что сделаю так, как она просит. Есть способ, возможность спасти Долли, если она выполнит свою часть договора. Не знаю, в состоянии ли она это сделать». — «Сделать что?» — спросила я, и Алистер сказал: «Притвориться Молли и сказать, что Доротея ходила во сне и это Доротея упала со скалы». Мы справились. Взяли Долли в один коттедж — мы знали, что он пустует, — и я оставалась с нею несколько дней. Алистер сказал, что Молли попала в больницу, потрясенная смертью сестры, когда та во сне упала ночью со скалы. Потом он привел Долли обратно — как Молли, в ее наряде, в ее парике. Я достала лишние парики — с кудряшками, которые действительно преображали ее. Старая добрая экономка Джанет плохо видела. Долли и Молли и так были очень похожи, вы знаете, и голоса у них были похожи. Все легко признали, что это Молли, а что ведет она себя иногда несколько необычно, так это потому, что еще не совсем оправилась от потрясения. Все казалось довольно естественным. Это была ужасная часть...

— Но как она смогла выдержать? — спросила Селия. — Это должно было быть страшно трудно.

— Нет, ей это было нетрудно. Она добилась того, чего хотела — чего всегда хотела. Получила Алистера...

— Но Алистер — как он мог вынести это?

— Он рассказал мне, как и почему — в день, когда отправлял меня обратно в Швейцарию. Он сказал мне, что я должна делать и что *он* собирается сделать. Он сказал:

— Мне остается одно. Я обещал Молли, что не выдам Долли полиции, что никто не узнает, что она убийца, что дети не узнают, что их тетя — убийца. Никто не должен знать, что Долли совершила убийство. Она ходила во сне и упала со скалы — печальный несчастный случай, и ее похоронят здесь в церкви под собственным именем.

— Как вы сможете сделать это? — спросила я, не в силах это вынести. И он ответил:

— Я расскажу, что собираюсь сделать — вам придется узнать это. Видите ли, жизнь Долли должна быть прекращена. Оказавшись рядом с детьми, она может погубить еще не одну жизнь — бедняжка, она не годится для этого мира. Но вы должны понять, Зели, что за то, что собираюсь сделать, я должен заплатить своей жизнью. Я проживу здесь тихо несколько недель с Долли, играющей роль моей жены, а потом случится еще одна трагедия...

Я не поняла, что он имел в виду, и спросила:

— Еще один несчастный случай? Снова хождение во сне?

И он ответил:

— Нет, все узнают, что я и Молли совершили самоубийство — и, думаю, причину его никто никогда не узнает. Подумают, это из-за того, что она была убеждена, будто у нее рак, — или что я так думал. Будут предполагать невесть что. Но вы должны мне помочь, Зели. Вы единственная, кто действительно любит меня, Молли и детей. Если Долли суждено умереть, то я — единственный, кто должен совершить это. Она не будет мучиться и не испугается. Я застрелю ее, а потом себя. Ее отпечатки пальцев останутся на револьвере, потому что она недавно брала его, и мои тоже. Справедливость свершится, а я буду палачом. Я лишь хочу, чтобы вы знали, что я любил — и до сих пор люблю — их обеих. Молли — больше жизни, а Долли — потому что мне жаль ее, что она родилась такой. Всегда помните это, — сказал он.

Зели встала и подошла к Селии:

— Теперь ты знаешь правду. Я обещала твоему отцу, что ты не узнаешь правду, — и нарушила свое слово. Я не собиралась открыть это тебе или кому бы то ни было, но месье Пуаро дал мне почувствовать это по-другому. Однако это такая ужасная история...

— Я понимаю, что вы чувствовали, — сказала Селия. — Возможно, вы были по-своему правы, но я... Я рада узнать правду, потому что теперь с меня как будто свалилась огромная тяжесть...

— Потому что теперь мы оба знаем правду, — сказал Десмонд. — И никогда не пожалеем, что знаем. Это была действительно трагедия. Как сказал здесь месье Пуаро, это была действительно трагедия двух людей, которые любили друг друга. Но они не убили друг друга из-за любви. Одну убили, а другой казнил убийцу из гуманности, чтобы не пострадали другие дети. Если он и был не прав, его можно простить.

— Она всегда была страшной женщиной, — сказала Селия. — Даже ребенком я боялась ее, не зная почему. Но теперь знаю. Думаю, мой отец был храбрый человек. Чтобы сделать то, что он сделал, нужно мужество. Он сделал то, о чем просила его моя мать, испуская последний вздох. Он спас ее сестру, которую, наверное, всегда нежно любил. Мне хочется думать... о, это звучит глупо... — Она взглянула на Эркюля Пуаро. — Может быть, вы так не подумаете. Полагаю, вы католик... но вот что написано у них на надгробном камне: «Смерть их не разлучила». Это не означает, что они умерли вместе; я думаю, что просто они теперь вместе. Думаю, потом они встретились. Два человека, которые очень любили друг друга, и моя тетя, о которой я попытаюсь думать лучше, чем раньше, — моей бедной тете не пришлось страдать за то, от чего она не смогла себя удержать... Да, — сказала Селия, вдруг сменив тон на свой обыденный, — она не была приятным человеком. Нельзя заставить себя любить человека, который вам неприятен. Возможно, она *могла* бы быть другой, если б попыталась, а возможно, не могла. А если так, ее надо считать тяжело больным человеком —

как, например, если б у нее была чума, и она жила бы в деревне, и односельчане не могли бы позволить ей выйти, не могли бы кормить ее, и она не могла бы общаться с другими, потому что погубила бы всю деревню. И тут нечто вроде этого... Но я попытаюсь пожалеть ее. А мои мать и отец — я больше не беспокоюсь о них. Они так любили друг друга — и бедную, несчастную Долли.

— Думаю, Селия, — сказал Десмонд, — нам нужно пожениться как можно скорее. Я могу тебе кое-что рассказать. Моя мать и слышать не хочет ничего подобного. Она мне не настоящая мать, и она не тот человек, кому я могу доверить такого рода секреты.

— Насчет вашей приемной матери, Десмонд, — сказал Пуаро. — У меня есть основания полагать, что она стремилась помешать вам с Селией и хотела внушить вам мысль, что ваша избранница могла унаследовать от своих родителей ужасные наклонности. Но, знаете вы или, может быть, не знаете — а я не вижу причин, почему бы не сказать вам это, — вы получите наследство от своей настоящей матери, которая умерла не так давно и оставила вам свои деньги. Так что, когда вам исполнится двадцать пять лет, вы получите изрядную сумму.

— Если я женюсь на Селии, конечно, нам понадобятся деньги, чтобы жить, — сказал

Десмонд. — Я вполне это понимаю. Я знаю, что моя приемная мать очень неравнодушна к деньгам, и даже сейчас я часто одалживаю ей. На днях она предложила мне поговорить с юристом, поскольку, по ее словам, это очень опасно — в двадцать один год не иметь написанного завещания. Наверное, она думала получить эти деньги. Я собирался завещать все свои деньги ей, но, конечно, теперь, когда мы с Селией поженимся, я завещаю их Селии — и мне не понравилось, как моя мать пыталась настроить меня против нее.

— Думаю, ваши подозрения совершенно справедливы, — сказал Пуаро. — Готов предположить, что она говорила себе, будто имела только добрые намерения, что нужно знать происхождение Селии, если в этом есть опасность, но...

— Ладно, — сказал Десмонд, — я знаю, что я не очень добр. В конце концов, она усыновила и воспитала меня, и все такое, и, пожалуй, если у меня будет достаточно денег, некоторую часть из них я ей отдам. Мы с Селией возьмем остальные и будем счастливы вместе. В конце концов, некоторые вещи будут иногда вызывать у нас грусть, но мы больше не станем беспокоиться, верно, Селия?

— Да, больше не станем. Думаю, они были великолепные люди, мои мать и отец. Мать всю жизнь заботилась о своей сестре, но, думаю, это было безнадежно. Нельзя заставить человека быть не таким, какой он есть.

— Ах, детки! — сказала Зели. — Простите, что так вас называю, потому что вы уже не детки. Вы взрослые мужчина и женщина. Я это знаю. Я так рада, что снова с вами увиделась и что не причинила вам никакого вреда своим поступком...

— Вы не причинили нам никакого вреда, и мы рады вас видеть, дорогая Зели. — Селия подошла и обняла ее. — Я всегда вас очень любила.

— И я тоже очень любил вас, — сказал Десмонд. — Когда жил рядом. Вы знали такие забавные игры!

Он и Селия повернулись.

— Спасибо, миссис Оливер, вы были очень добры, — сказал молодой человек, — и проделали огромную работу. Спасибо и вам, месье Пуаро.

— Да, спасибо, — вслед за ним сказала Селия. — Я очень благодарна.

Они пошли прочь, и остальные посмотрели им вслед.

— Ну, — сказала Зели, — и мне тоже пора. А вы? — спросила она Пуаро. — Вы рассказали кому-нибудь об этом?

— Есть один человек, которому я мог бы рассказать правду — по секрету. Один полицейский на пенсии. Он больше не служит, совершенно удалился от дел. Думаю, он не сочтет своим долгом вмешаться в то, что время уже стерло. Если б он еще служил, было бы другое дело.

— Это ужасная история, — сказала миссис Оливер, — просто ужасная. И все, с кем я говорила, — да, теперь я вижу, они помнили *кое-что*. Кое-что, помогшее нам понять, что же случилось на самом деле, хотя было трудно сложить все вместе. Но не для месье Пуаро, который всегда складывает воедино самые необычные вещи. Вроде париков и близнецов.

Пуаро подошел к Зели, которая любовалась видом.

— Вы не сердитесь на меня, что я приехал к вам и убедил сделать то, что вы сделали?

— Нет, я рада. Вы были правы. Они очаровательны, эти двое, и, думаю, очень подходят друг другу. Они будут счастливы. Мы стоим там, где когда-то жили двое влюбленных и где умерли двое влюбленных, и я не обвиняю его за то, что он сделал. Возможно, это было неправильно — наверное, неправильно, — но я не могу его обвинить. Думаю, это был мужественный поступок, даже если он был ошибочен.

— Вы ведь тоже его любили? — спросил Эркюль Пуаро.

— Да. Всегда. Как только пришла в дом. Я любила его всем сердцем. Не думаю, что он знал об этом. Между нами никогда ничего не было. Он доверял мне и был добр ко мне. А я любила их обоих. Его и Маргарет.

— Я бы хотел кое-что спросить у вас. Ведь он любил Долли так же, как Молли?

— До самого конца. Он любил их обеих. И потому хотел спасти Долли. Потому же, почему и Молли хотела этого от него. Кого из сестер он любил сильнее? Не знаю. И, наверное, никогда не узнаю.

Пуаро посмотрел на нее, потом отвернулся и присоединился к миссис Оливер.

— Мы поедем обратно в Лондон. Нам нужно вернуться к обыденной жизни, забыв о трагедиях и любовных романах.

— Слоны умеют помнить, — сказала миссис Оливер. — Но мы не слоны, а люди, слава богу, умеют забывать.

Оглавление

Глава 1. Литературный ленч......................7
Глава 2. Первое упоминание о слонах............31

Книга I. СЛОНЫ
Глава 3. Руководство двоюродной
             бабушки Элис..........................53
Глава 4. Селия.................................66
Глава 5. У старых грехов длинные тени..........82
Глава 6. Старый друг помнит....................97
Глава 7. Назад в детскую......................112
Глава 8. Миссис Оливер за работой.............123
Глава 9. Результаты поисков слонов............137
Глава 10. Десмонд..............................155

Книга II. ДВЕ ДЛИННЫЕ ТЕНИ
Глава 11. Суперинтендант Гарроуэй
             и Пуаро проверяют записи.............172
Глава 12. Селия встречается с Эркюлем Пуаро...179
Глава 13. Миссис Бёртон-Кокс..................191
Глава 14. Доктор Уиллоби......................207
Глава 15. «Юджин и Розенталь, стилисты
             по прическам и косметологи».........218
Глава 16. Мистер Гоби сообщает................225
Глава 17. Пуаро объявляет об отъезде..........235
Глава 18. Интерлюдия..........................240
Глава 19. Мэдди и Зели........................242
Глава 20. Доклад следственной группы..........260

Все права защищены. Книга или любая ее часть не может быть скопирована, воспроизведена в электронной или механической форме, в виде фотокопии, записи в память ЭВМ, репродукции или каким-либо иным способом, а также использована в любой информационной системе без получения разрешения от издателя. Копирование, воспроизведение и иное использование книги или ее части без согласия издателя является незаконным и влечет уголовную, административную и гражданскую ответственность.

Литературно-художественное издание

Агата Кристи

СЛОНЫ УМЕЮТ ПОМНИТЬ

Ответственный редактор Д. *Субботин*
Художественный редактор Д. *Сазонов*
Технический редактор Г. *Романова*
Компьютерная верстка В. *Андриановой*
Корректор Е. *Сахарова*

Страна происхождения: Российская Федерация
Шығарылған елі: Ресей Федерациясы

ООО «Издательство «Эксмо»
123308, Россия, город Москва, улица Зорге, дом 1, строение 1, этаж 20, каб. 2013.
Тел.: 8 (495) 411-68-86.
Home page: www.eksmo.ru E-mail: info@eksmo.ru
Өндіруші: «ЭКСМО» АҚБ Баспасы,
123308, Ресей, қала Мәскеу, Зорге көшесі, 1 үй, 1 ғимарат; 20 қабат, офис 2013 ж.
Тел.: 8 (495) 411-68-86.
Home page: www.eksmo.ru E-mail: info@eksmo.ru
Тауар белгісі: «Эксмо»
Интернет-магазин: www.book24.ru
Интернет-магазин: www.book24.kz
Интернет-дүкен: www.book24.kz
Импортёр в Республику Казахстан ТОО «РДЦ-Алматы».
Қазақстан Республикасындағы импорттаушы «РДЦ-Алматы» ЖШС.
Дистрибьютор и представитель по приему претензий на продукцию,
в Республике Казахстан: ТОО «РДЦ-Алматы»
Қазақстан Республикасында дистрибьютор және өнім бойынша арыз-талаптарды
қабылдаушының өкілі «РДЦ-Алматы» ЖШС,
Алматы қ., Домбровский көш., 3«а», литер Б, офис 1.
Тел.: 8 (727) 251-59-90/91/92; E-mail: RDC-Almaty@eksmo.kz
Өнімнің жарамдылық мерзімі шектелмеген.
Сертификация туралы ақпарат сайтта: www.eksmo.ru/certification
Сведения о подтверждении соответствия издания согласно законодательству РФ
о техническом регулировании можно получить на сайте Издательства «Эксмо»
www.eksmo.ru/certification
Өндірген мемлекет: Ресей. Сертификация қарастырылмаған

16+

Дата изготовления / Подписано в печать 30.03.2022. Формат 70x100¹/₃₂.
Гарнитура «Newton». Печать офсетная. Усл. печ. л. 11,67.
Доп. Тираж 5000 экз. Заказ Э-15825.
Отпечатано в типографии ООО «Экопейпер».
420044, Россия, г. Казань, пр. Ямашева, д. 36Б.

ЧИТАЙ-ГОРОД   book24.ru

Официальный интернет-магазин издательской группы "ЭКСМО-АСТ"

Москва. ООО «Торговый Дом «Эксмо»
Адрес: 123308, г. Москва, ул. Зорге, д.1, строение 1.
Телефон: +7 (495) 411-50-74.   **E-mail:** reception@eksmo-sale.ru

По вопросам приобретения книг «Эксмо» зарубежными оптовыми покупателями обращаться в отдел зарубежных продаж ТД «Эксмо»
E-mail: **international@eksmo-sale.ru**

International Sales: International wholesale customers should contact Foreign Sales Department of Trading House «Eksmo» for their orders.
international@eksmo-sale.ru

По вопросам заказа книг корпоративным клиентам, в том числе в специальном оформлении, обращаться по тел.: +7 (495) 411-68-59, доб. 2261.
E-mail: **ivanova.ey@eksmo.ru**

Оптовая торговля бумажно-беловыми
и канцелярскими товарами для школы и офиса «Канц-Эксмо»:
Компания «Канц-Эксмо»: 142702, Московская обл., Ленинский р-н, г. Видное-2,
Белокаменное ш., д. 1, а/я 5. Тел./факс: +7 (495) 745-28-87 (многоканальный).
e-mail: **kanc@eksmo-sale.ru**, сайт: www.kanc-eksmo.ru

Филиал «Торгового Дома «Эксмо» в Нижнем Новгороде
Адрес: 603094, г. Нижний Новгород, улица Карпинского, д. 29, бизнес-парк «Грин Плаза»
Телефон: +7 (831) 216-15-91 (92, 93, 94).   **E-mail:** reception@eksmonn.ru

Филиал ООО «Издательство «Эксмо» в г. Санкт-Петербурге
Адрес: 192029, г. Санкт-Петербург, пр. Обуховской обороны, д. 84, лит. «Е»
Телефон: +7 (812) 365-46-03 / 04.   **E-mail:** server@szko.ru

Филиал ООО «Издательство «Эксмо» в г. Екатеринбурге
Адрес: 620024, г. Екатеринбург, ул. Новинская, д. 2щ
Телефон: +7 (343) 272-72-01 (02/03/04/05/06/08)

Филиал ООО «Издательство «Эксмо» в г. Самаре
Адрес: 443052, г. Самара, пр-т Кирова, д. 75/1, лит. «Е»
Телефон: +7 (846) 207-55-50.   **E-mail:** RDC-samara@mail.ru

Филиал ООО «Издательство «Эксмо» в г. Ростове-на-Дону
Адрес: 344023, г. Ростов-на-Дону, ул. Страны Советов, 44А
Телефон: +7(863) 303-62-10.   **E-mail:** info@rnd.eksmo.ru

Филиал ООО «Издательство «Эксмо» в г. Новосибирске
Адрес: 630015, г. Новосибирск, Комбинатский пер., д. 3
Телефон: +7(383) 289-91-42.   E-mail: eksmo-nsk@yandex.ru

Обособленное подразделение в г. Хабаровске
Фактический адрес: 680000, г. Хабаровск, ул. Фрунзе, 22, оф. 703
Почтовый адрес: 680020, г. Хабаровск, А/Я 1006
Телефон: (4212) 910-120, 910-211.   **E-mail:** eksmo-khv@mail.ru

Республика Беларусь: ООО «ЭКСМО АСТ Си энд Си»
Центр оптово-розничных продаж Cash&Carry в г. Минске
Адрес: 220014, Республика Беларусь, г. Минск, проспект Жукова, 44, пом. 1-17, ТЦ «Outleto»
Телефон: +375 17 251-40-23; +375 44 581-81-92
Режим работы: с 10.00 до 22.00.   **E-mail:** exmoast@yandex.by

Казахстан: «РДЦ Алматы»
Адрес: 050039, г. Алматы, ул. Домбровского, 3А
Телефон: +7 (727) 251-58-12, 251-59-90 (91,92,99).   **E-mail:** RDC-Almaty@eksmo.kz

Полный ассортимент продукции ООО «Издательство «Эксмо» можно приобрести в книжных магазинах «Читай-город» и заказать в интернет-магазине: www.chitai-gorod.ru.
Телефон единой справочной службы: 8 (800) 444-8-444. Звонок по России бесплатный.

Интернет-магазин ООО «Издательство «Эксмо»
www.book24.ru

Розничная продажа книг с доставкой по всему миру.
Тел.: +7 (495) 745-89-14. E-mail: imarket@eksmo-sale.ru

ПРИСОЕДИНЯЙТЕСЬ К НАМ!

МЫ В СОЦСЕТЯХ:
- eksmo
- eksmo.ru

eksmo.ru

ЛитРес: один клик до книг

ISBN 978-5-04-156763-7